reinhardt

Anuška Götz

Anna von Erdeschin

Bilder eines Lebens in unruhigen Zeiten

Friedrich Reinhardt Verlag

Herausgegeben vom Freundeskreis Kunstwerke Anuška Götz, Riehen und Basel, www.anuska-goetz.ch.

Wir bedanken uns für die Unterstützung bei der Kulturförderung der Gemeinde Riehen.

© 2023 Friedrich Reinhardt Verlag, Basel
Konzept und Redaktion: Dr. Walter Schöni
Projektleitung: Manuela Seiler-Widmer
Lektorat: Gregor Szyndler
Korrektorat: Daniel Lüthi
Fotografien: Yasmin Baumgartner, Walter Schöni, Elke Tomforde
Gestaltung: Romana Stamm
Satz: Siri Dettwiler
Seite 7: Ausschnitt aus: United Nations: Central and Eastern Europe, Map No. 3877 Rev. 8, August 2016.
ISBN 978-3-7245-2652-0

Der Friedrich Reinhardt Verlag wird vom Bundesamt für Kultur mit einem Strukturbeitrag für die Jahre 2021–2024 unterstützt.

www.reinhardt.ch

Dank

Viele Schritte sind nötig, damit das Manuskript zum Buch wird. Ich danke ganz herzlich den Mitstreiterinnen und Mitstreitern im Freundeskreis Kunstwerke Anuška Götz, die mich in vielfältiger Weise unterstützt haben:

René Vogel (Präsident), Barbara von Allmen, Oliver von Allmen, Sara Barata, Brigitta Dovnik, Gerhard Gerster, Max Glanzmann (†), Martino Gnech (†), Rita Grieshaber Roth, Doris Monfregola, Maria Ratzenböck, Jaap Roest, Roland Roest (†), René Roth, Brigitte Scheurmann, Walter Schöni, Elke Tomforde und Johannes Vontobel.

Bedanken möchte ich mich ebenfalls herzlich bei Alfred Rüdisühli, Manuela Seiler und allen weiteren Beteiligten vom Friedrich Reinhardt Verlag, Basel für die ansprechende Gestaltung und sorgfältige Herausgabe des Buches; bei Gregor Szyndler, Basel für das aufmerksame Lektorat des Manuskripts; und bei Verena Bider, Wangen bei Olten für die hilfreiche Beratung in editorischen Fragen. Loris von Allmen und Florian Bitterli danke ich herzlich für das Einrichten der digitalen Galerie, in der ein bedeutender Teil meiner Werke zu sehen ist.

Anuška Götz

Ausschnitt aus der Karte «Central and Eastern Europe» (United Nations).

Inhaltsverzeichnis

Vorwort   **13**

Die Künstlerin Anuška Götz   **15**

1 Zwischen Wien und Budapest   **16**
Wiedersehen in einer Wiener Bibliothek. Zum Nachfolger des Grafen erkoren. Der Erste Weltkrieg bricht aus. Zu Besuch im Villenviertel. Evas Verlobung. Prímás Gabor tritt in Annas Leben. Der Umzug aufs Land wird vorbereitet.

2 Franz aus Wien wird Graf von Erdeschin   **26**
Im Dorf der Roma. Neue Herrschaft auf Schloss Erdeschin. Seerosen blühen. Liebe auf den ersten Blick. Der alte Graf stirbt. Aussprache mit Victor. «Ich spiele diese Melodie nur für Sie.»

3 Keine Ordnung in der Seele   **38**
Heimliche Reisen und Gewissenskonflikte. Wunsch, Zauberin zu sein. Die Romanze endet mit einem Entschluss. Wirtschaftskrise und neue Nachfolgeprobleme auf Erdeschin. Belästigung und Auswanderungspläne.

4 Das Geschriebene macht mir Angst und Sorgen   **51**
Erntedankfest. Beunruhigende Zeichen. Von Scholls müssen fliehen. Die neuen Machthaber verlangen Unmögliches. Krankheit und Tod der Eltern. 1938 – die Nazis in Österreich. Geschlossene Grenzen. Sophies Fluchthilfe.

5 Eine geborene Diplomatin   **67**
Sophies Beziehungsnetz. Tödlicher Flugunfall. Ende des Zweiten Weltkriegs.
Anna besucht Victor in Amerika. Letzte Hoffnung Bogotá. Sophies Werk ist vollendet.
Geigerin Anna auf Orchestertournee. Besuch bei der Schwester.

6 Ein Traum wird wahr   **86**
In den 1960er-Jahren. Evas Beerdigung. Anna ist finanziell abgesichert.
Ein neues Kulturzentrum in Slowenien. Niobe und ihr Sohn Jan.
Eine Weltreise – immer dem Sommer nach. Die Frage der Nachfolge.

7 Eine sehr späte Hochzeit   **102**
Eine unerwartete Verlobung. Niobes Geschichte in Zeiten des Kriegs und der
Verfolgung. Annas Leiden im hohen Alter. Der Jugoslawienkrieg beschädigt das
Kulturzentrum. Der Kreis des Schicksals schliesst sich.

Verzeichnis der reproduzierten Werke   **127**

Gemälde

Komposition 1974	17
Lustige Nacht	22
Dorf	27
Am Fluss	31
Auf den ersten Blick	35
Romantik	39
Winter	42
Mit Liebe geladen	46
Lichter in der Nacht	52
Menschen im Regen	57
Per Dekret	62
La frontiera chiusa	65
Hoffnung II	68
Kirschbaum in Blüte	73
Freundschaft	77
Violine	81
Auftritt	84
Das Schweben	87
Kleines Haus	91
Begegnung	93
Sommer	97
Frühlingszauber	103
Die Kinder	108
Teilen	113
Die Brücke	117
Möwe	120
Licht am Horizont	124

Nähere Angaben finden sich im Verzeichnis der reproduzierten Werke auf Seite 127.

Vorwort

Der vorliegende Band der Künstlerin Anuška Götz ist in zweifacher Hinsicht bemerkenswert. Zum einen erzählt er eine weitläufige Lebensgeschichte mit Bezügen zur Zeitgeschichte des letzten Jahrhunderts. Zum anderen präsentiert der Band eine Reihe von Gemälden der Künstlerin, die ebenfalls von den zentralen Themen des Romans handeln. Es kommt wohl nicht allzu häufig vor, dass beides – Erzählung und Gemälde – aus ein und derselben «Feder» stammt.

Der Roman

Es beginnt im Wien der Jahrhundertwende. «Anna war ein schönes Mädchen mit dunkelbraunen Augen. Ihr Haar trug sie zum Zopf geflochten. Sie liebte die Literatur…» Die junge Adlige wächst in einer gut situierten Grafenfamilie in geordneten Verhältnissen auf. Die Verhältnisse sind indes nicht von Dauer, weder in der Familie noch im politischen und gesellschaftlichen Umfeld. Die österreichisch-ungarische Monarchie zerbricht an absolutistischen Machtansprüchen, Nationalitätenkonflikten und sozialen Revolten. Die Familie übersteht die Wirren des Ersten Weltkriegs noch einigermassen unbeschadet und tritt alsbald die Nachfolge auf dem Familiensitz in der Provinz an, der Grafschaft Erdeschin.

Anna ist in ihrer Jugend hin- und hergerissen zwischen den Annehmlichkeiten des feudalen Gutsbetriebs und dem für sie reizvolleren städtischen Leben. Sie geniesst die Freiräume und bricht in einer Liebesbeziehung heimlich Standesregeln. Mit dem Anschluss Österreichs ans nationalsozialistische Dritte Reich ändert sich Grundlegendes. Auch das adlige Leben ist nun – wie jenes anderer sozialer Schichten – mit Schikanen und Drohungen der neuen Machthaber konfrontiert. Spätestens mit dem Beginn des Zweiten Weltkriegs wird Anna eingeholt von der Notwendigkeit, den eigenen Lebensunterhalt zu bestreiten und von der Dringlichkeit, sich um kranke oder bedrohte Menschen zu kümmern.

In jener Zeit entdeckt sie ihre musischen Begabungen und ihre Verbundenheit mit dem kulturellen Schaffen. Das Engagement als Geigerin und als Förderin junger Musikerinnen und Musiker aus einfachen Verhältnissen bestimmt ihren weiteren Lebensweg. Die Ereignisse des unruhigen Jahrhunderts begleiten Anna bis in die 1990er-Jahre, als der Zerfall des jugoslawischen Staatenverbunds sie erneut mit kriegerischen Entwicklungen in Kontakt bringt. Inzwischen hochbetagt, erfährt sie eine lebensgeschichtliche Wendung, die längst verblasste Erinnerungen in ihr wach werden lässt und sie aufwühlt.

Die Erzählung umspannt ein ganzes Jahrhundert. Die Lebensgeschichten der Hauptfigur und ihres Umfelds sind mit der bewegten Jahrhundertgeschichte verwoben. Die Erzählerin nimmt sich die Freiheit, zeitgeschichtliche Bezüge so zu wählen, dass die Dramatik der Lebensverläufe nachvollziehbar wird. Das Jahrhundert wird zur Kulisse der Handlung. So wandelt sich zum Beispiel die adlige Lebensführung: Noch um die Jahrhundertwende ist sie privilegiert durch Vorrechte und eingeschränkt durch Standesregeln; mit den sozialen Verwerfungen in der Zeit der Weltkriege werden Adelstitel entwertet und es entstehen neue Lebensentwürfe, beispielsweise soziales Engagement.

Den Stoff für den Roman gewann die Autorin aus Begebenheiten ihrer Jugendzeit und späteren Begegnungen mit Kunstschaffenden teils adliger Herkunft in Kroatien, Slowenien, Italien und Österreich. Die Zeugnisse solcher Personen, festgehalten in Notizen, inspirierten die Autorin in den 2000er-Jahren zu dem Vorhaben, daraus einen möglichst authentischen Lebensroman zu formen. Und damit zeitliche Epochen, die das eigene Leben geprägt hatten, aufleben zu lassen. Die Inhalte des Romans stehen jedoch nicht in einem autobiografischen Zusammenhang.

Die Bilder

Die Erzählung ist reich an bildhaften Szenen. Es erstaunt nicht, dass enge Verbindungen zum bildnerischen Schaffen der Künstlerin bestehen. Weshalb also nicht eine «kleine Werkschau» von Gemälden in das Buch integrieren? Die Künstlerin und der Freundeskreis Kunstwerke Anuška Götz sehen darin eine ausgezeichnete Möglichkeit, das Werk auch ausserhalb von Ausstellungen und in Ergänzung zur digitalen Galerie einem breiteren Publikum zugänglich zu machen.

Die ausgewählten, in die Kapitel eingestreuten Gemälde passen in thematischer wie gestalterischer Hinsicht: Sie dienen nicht der Illustration von Textstellen; sie eröffnen vielmehr eigenständige Zugänge zu zentralen Themen des Romans, obwohl sie unabhängig vom Text in unterschiedlichen Zeitperioden geschaffen wurden. Entstanden ist mit dem Band ein «Gesamtgemälde», in dem erzählerisches und bildnerisches Schaffen der Künstlerin zusammenfinden.

Walter Schöni

Die Künstlerin Anuška Götz

Anuška Götz ist im Jahr 1930 in Cavtat nahe Dubrovnik (Kroatien) geboren. Nach einer Jugend in Kriegszeiten fand sie zunächst auf autodidaktischem Weg zur Malerei. Auslandsaufenthalte und Weiterbildungen, unter anderem in Slowenien und Italien, brachten sie in Kontakt zu anderen Künstlerinnen und Künstlern, was ihre eigene künstlerische Entwicklung prägte. Vor über fünfzig Jahren ist Anuška Götz aus Kroatien in die Schweiz gezogen und lebt und arbeitet seither in Riehen. Sie stand in engem Austausch mit Malern wie Christoph Iselin und Hans Krattiger, woraus weitere Impulse für ihr bildnerisches Schaffen hervorgingen.

Schon in der Kindheit hat die Künstlerin mit dem Malen begonnen. Sie hat Stilrichtungen und Ausdruck laufend weiterentwickelt. Ihre klassischen, mit verschiedenen Techniken perfektionierten Aquarelle wurden über die Jahre durch moderne Ölbilder ergänzt. Mit ihren frischen Farben und der oft akribischen Gestaltung von Formen, Kurven und Bewegungen schuf sie Werke, die Spielräume für Geschichten öffnen. Obwohl Anuška Götz den Bildern häufig konkrete Namen gibt, zum Beispiel «Verkaufte Braut» oder «Menschen im Regen», erschliessen ihre abstrakten Werke der Betrachterin, dem Betrachter eine faszinierende Welt für eigene Interpretationen.

Ihr Werk hat Anuška Götz in mehr als dreissig Ausstellungen präsentiert, etliche in Riehen in Zusammenarbeit mit der Galerie Monfregola, andere in der Region und im angrenzenden Ausland. Eine Auswahl von rund zweihundert Gemälden aus den verschiedenen Schaffensperioden ist in der digitalen Galerie Anuška Götz ausgestellt (www.anuska-goetz.ch).

Der Roman «Anna von Erdeschin» ist die dritte Publikation der Künstlerin. Im Jahr 1997 ist bereits die kommentierte Werkschau «Anuška Götz» im Friedrich Reinhardt Verlag erschienen. 2006 veröffentlichte die Autorin ihre autobiografischen «Erinnerungen an die Zeit des Zweiten Weltkriegs (1941–1945)» bei Books on Demand, Norderstedt.

Zwischen Wien und Budapest

1 *Wiedersehen in einer Wiener Bibliothek. Zum Nachfolger des Grafen erkoren. Der Erste Weltkrieg bricht aus. Zu Besuch im Villenviertel. Evas Verlobung. Prímás Gabor tritt in Annas Leben. Der Umzug aufs Land wird vorbereitet.*

Wenn auch schon einige Jahre vergangen waren, seit Alois Magg als Major vom Dienst suspendiert worden war, hatte er doch seine stramme Haltung und seinen sicheren Gang behalten. Er war ein Sünder gewesen. Für seine Besuche in den Bordellen in und um Wien war er bekannt. Obwohl gut ausgebildet, konnte er seinem Leben keine Richtung geben. Nach dem Tod seiner Frau, die lange Zeit schwer krank gewesen war, fühlte er sich mit seinem Söhnchen von Freunden und den wenigen verbliebenen Verwandten im Stich gelassen. Sein Lebenswandel und seine blinde Liebe zu der Prostituierten Nelli hatten ihn völlig in den Ruin getrieben. Alles hatte er verloren, erst seine Frau und dann seinen Sohn, den ihm die Behörden wegnahmen und in ein Kinderheim für Arme steckten. Vom Dienst suspendiert, das Gesparte aufgebraucht, das lange Sterben seiner Frau – Alois Magg war fast am Ende.

Und dann klingelte es eines Morgens, als er schlief, an seiner Tür. Ein Telegramm vom Kinderheim benachrichtigte ihn, dass sein vierjähriger Sohn verunglückt war. Das Kind war unter einen schwer beladenen Heuwagen geraten. Alois Magg konnte nur noch den toten Körper seines Sohnes abholen und ihn neben seiner Mutter begraben lassen.

Tage und Jahre vergingen, doch die seelischen Wunden heilten nicht. Zu allem hinzu kam die Enttäuschung, dass seine Geliebte ihn erniedrigt und ausgeraubt hatte. Andere Leute, denen er von seinem Leben erzählte, dachten nicht selten:

«Jeder andere Mensch wäre in die Donau gesprungen und hätte seinem Leiden ein Ende gesetzt.»

Alois Magg aber wählte das Leben und nahm mit nach und nach wiedergewonnener Kraft das Steuer seines Lebens in die eigenen Hände. Dass er hochgebildet war, bestritt niemand. Seine Sprachkenntnisse halfen ihm, immer eine

Komposition 1974, Öl, 2016
50 × 70 cm

Arbeit zu finden. Vom Französischen ins Deutsche und umgekehrt – er übersetzte verschiedene Werke der französischen und deutschen Literatur. Auch Ungarisch beherrschte er und so hatte er immer sehr viel Arbeit und konnte damit seinen Lebensunterhalt recht gut bestreiten. Für seine Übersetzungsarbeiten suchte Alois Magg ab und zu die besten Wiener Bibliotheken auf, die regen Publikumsverkehr hatten. Eines Tages traute er seinen Augen fast nicht, als er einen eleganten, etwa fünfundvierzig Jahre alten Mann sah, den er ganz verlegen fragte:

«Sind Sie nicht Franz von Erdeschin?»

«Ja, der bin ich. Und wer sind Sie?»

«Ich bin Alois Magg. Wir haben zur gleichen Zeit vor mehr als zwanzig Jahren an der kaiserlichen Militärakademie studiert.»

Der Angesprochene umarmte ihn spontan und freute sich. Seit den gemeinsamen Studientagen hatte sich vieles verändert. Der einzige männliche Spross der adligen Familie von Erdeschin hatte schon vor langer Zeit eine eigene Familie gegründet. Er hatte Martha, die Tochter des berühmten Dirigenten von Bergen geheiratet und mit ihr zwei Töchter bekommen, Eva und Anna.

Die beiden Männer verabredeten, einander wiederzusehen. Dies sollte nicht ganz einfach werden, stand Franz von Erdeschin und seiner Familie doch ein grosser Wechsel bevor. Und Alois Magg war damit beschäftigt, sich neu zu orientieren, um seinem Leben wieder Sinn zu geben.

Sie trafen sich noch mehrere Male und jede dieser Begegnungen verlief sehr herzlich. Franz von Erdeschin erzählte von seinen Plänen, nach Erdeschin zu ziehen, denn diese Grafschaft suche einen neuen Besitzer. Der alte kinderlose Graf Stanislaw hatte nach dem Tod seiner Frau Amalia seinen Neffen Franz als Nachfolger im Auge. Erdeschin war eine kleine, seit mehr als dreihundert Jahren zur Familie gehörende Grafschaft mit Schloss, Verwaltungs- und Personalgebäude und vielen Menschen, die für den Grafen arbeiteten. Die fast topfebenen Ländereien waren bestens geeignet für Pferdezucht und Getreideanbau. Da die Grafschaft ungefähr zwischen den Grossstädten Wien und Budapest lag und von überallher gut erreichbar war, verbrachten jedes Jahr zahlreiche Besucherinnen und Besucher ihre Ferien dort und genossen die abwechslungsreiche Landschaft.

In Wien fanden inzwischen die Vorbereitungen für das neue Leben auf Schloss Erdeschin statt. Franz von Erdeschin hatte viele Formalitäten zu erledigen, den offiziellen Vertrag zur Übernahme hatte er noch nicht in den Händen, das ganze Szenario aber bereits im Kopf. Gräfin Martha von Erdeschin traf sich oft mit ihrer Schwester Sophie von Bergen und Franz von Erdeschin kam regelmässig mit seinen Freunden und Persönlichkeiten aus dem politischen Leben Wiens zusammen.

Die Idee des alten Grafen, Franz zum Nachfolger auf Erdeschin zu machen, bereitete diesem zugleich Kopfschmerzen und Freude. Doch nachdem Stanislaws Bruder Erdeschin verlassen hatte, um in Wien zu leben, musste jemand die langjährige Familientradition fortführen.

Franz' ältere Tochter Eva war inzwischen eine bekannte Pianistin. Ihr bester Freund Valentin Mrasow war ein junger Dirigent mit sehr viel Talent und grossen Plänen. Beide traten zusammen auf und feierten rauschende Erfolge. Martha von Erdeschin war stolz auf ihre ältere Tochter Eva. Gemeinsam mit Valentin Mrasow genoss diese ihre beachtliche Musikkarriere und plante eine baldige Tournee auf dem amerikanischen Kontinent. Eva von Erdeschin interessierte sich sehr für die russischen Komponisten allgemein und besonders für die Werke des jungen russischen Pianisten und Komponisten Sergej Rachmaninow.

Evas Schwester Anna war ein schönes Mädchen mit dunkelbraunen Augen. Ihr Haar trug sie zum Zopf geflochten. Sie liebte die Literatur und freute sich über die musikalischen Erfolge ihrer Schwester Eva. Für sich selbst wünschte sie sich, nach dem Abschluss ihrer Reifeprüfung in Wien ein Studium in Florenz absolvieren zu können. Die Kunst der Renaissance und die Literatur von Dante und Petrarca interessierten sie ausserordentlich. Ob dieser Wunsch je in Erfüllung gehen würde? Noch hatte sie fast zwei Jahre am Humanistischen Gymnasium vor sich, einer der ersten höheren Bildungsstätten für Mädchen.

Mit ihren Eltern und mit Freunden besuchte Anna zahlreiche Anlässe und machte viele Bekanntschaften. Bei einer solchen Gelegenheit traf sie Victor von Scholl und verliebte sich in ihn. Er war ihre erste grosse Liebe. Als Sohn eines Advokaten plante Victor, eines Tages die Advokatur seines Vaters zu übernehmen.

Das Ehepaar von Erdeschin sprach mit seinen Töchtern über das Ansinnen des Grafen Stanislaw, Franz zu seinem Nachfolger zu machen – und stiess damit rasch auf Begeisterung. Nach einiger Bedenkzeit fragte Anna bei ihrer Mutter doch noch nach:

«Aber ich darf doch weiterhin nach Wien, wegen meiner Schule, meinen Freunden und Victor?» – Nicht nur war ihre Mutter damit einverstanden, sie erlaubte ihr sogar, bis zur Reifeprüfung bei ihrer Tante Sophie in Wien zu wohnen.

Kriegerische Ereignisse erschütterten ab 1914 Europa, ja die ganze Welt. Die Pläne des alten Grafen Stanislaw mussten vorerst ruhen. Es hiess warten und hoffen. Als Offizier wurde Franz von Erdeschin eingezogen zum Dienst als Militärberater in Wien. Seine Frau Martha und die Mädchen blieben vorerst ebenfalls dort. Eva gab ab und zu ein Konzert und träumte noch immer davon, später einmal in Amerika zu leben, wo auch Valentin Mrasow viel mehr Möglichkeiten als Dirigent haben würde. Anna tröstete sich damit, dass sie trotz vieler Hindernisse ihre Reifeprüfung geschafft hatte. Sie ging nicht nach Florenz, sondern blieb in Wien und studierte Germanistik.

Die Wiener Gesellschaft hatte sich in den Jahren seit Kriegsausbruch verändert, das spürte man auch in der Familie Erdeschin. Alle waren besorgt und fragten sich, wie das mörderische Chaos in Europa enden würde. Die politische Lage hatte sich zwar etwas beruhigt, blieb aber weiterhin unberechenbar. Grenzen waren gewaltsam verschoben worden, gefallen oder neu entstanden. Die Vorbereitungen für die Übersiedlung nach Erdeschin waren nun wieder in vollem Gange. In den Jahren des Kriegs war Graf Stanislaw stark gealtert und war voller Sorge um seine Grafschaft und um die Menschen dort, die in der schrecklichen Zeit zu ihm gehalten hatten.

In Wien war es regnerisch und windete. Es war das richtige Wetter, um Besuche in Museen, im Theater oder in Bibliotheken zu machen. Franz von Erdeschin besuchte eine Bibliothek im Stadtzentrum und sah dort Alois Magg, der in ein Buch vertieft war. Sie plauderten miteinander, es herrschte eine freundliche und vertraute Atmosphäre.

Sie beschlossen, zusammen etwas zu unternehmen. Franz lud Alois zu einem Besuch in seinem Haus im Villenviertel Wiens ein. Es war Februar 1919. Franz von Erdeschin stellte seinen Studienfreund seiner Frau Martha vor. Etwas später kamen die beiden Töchter hinzu. Eva hatte gerade eine kurze Tournee hinter sich und Anna war mit dem Schreiben von Briefen beschäftigt. Die Unterhaltung war herzlich und man versprach sich, eine solche Zusammenkunft bei einer nächsten Gelegenheit zu wiederholen.

Die Verlobung von Eva mit Valentin Mrasow war schon lange geplant. Und da beide seit Jugendzeiten unzertrennlich waren, war es für niemanden eine grosse Überraschung. Martha teilte ihrer Tochter freudig mit, dass auch Tante Sophie an der Verlobung teilnehmen und spätabends anreisen wollte. Alles sei bestens vorbereitet. Was Rang und Namen hatte, wurde eingeladen.

An jenem Samstag, als es so weit war, gingen alle Gäste zuerst in die Kirche zum Gottesdienst, wie dies damals bei Verlobungsfeiern üblich war. Nach dem Gottesdienst kehrten alle zurück zur Familienvilla, die umgeben war von einem grosszügigen Garten und einem grossen Park voller alter Bäume. Hier konnte man sich freuen, spielen, singen, essen und trinken.

Zur Unterhaltung spielte eine Romakapelle auf. Anna war in bester Stimmung, gehörte doch auch ihr Freund Victor von Scholl mit seinen Eltern zu den Eingeladenen. Sie liebte ihren Victor und schätzte die Familie von Scholl, die ihrer Familie in den letzten Jahren hilfreich zur Seite gestanden war, als der Vater ins Militär eingezogen wurde.

Nach dem Fest verliessen die Gäste am Sonntagmorgen das Haus. Die Diener hatten alle Hände voll zu tun und die Kutscher fuhren unzählige Male hin und her, bis endlich alle wieder zu Hause waren.

Am Sonntagabend brachen die Frischverlobten nach Salzburg auf. Dort stand das 1. Klavierkonzert in b-Moll von Pjotr Iljitsch Tschaikowski auf dem Programm, das zuvor zusammen mit dem Salzburger Orchester einstudiert werden musste.

Alois Magg gehörte ebenfalls zu den Verlobungsgästen. Sein Freund Franz von Erdeschin zog sich mit ihm in der Villa zurück und diskutierte mit ihm über den bevorstehenden Umzug in die Grafschaft Erdeschin. Beide planten einen Besuch beim Grafen Stanislaw, der inzwischen schwächer geworden war, und sie hofften, dass er die geplanten Veränderungen gut durchstehen würde. Alois Magg versprach, dem Schloss Erdeschin und seinem neuen Auftraggeber mit Leib und Seele dienen zu wollen.

In Salzburg war die Konzertsaison nach dem Auftritt von Eva von Erdeschin und Valentin Mrasow zu Ende. Ihre öffentlichen Auftritte waren in den Jahren zuvor fast ganz ausgeblieben – aber jetzt kam ein Erfolg nach dem anderen. Konnte man der österreichischen Presse Glauben schenken, war das Salzburger Publikum hell begeistert. Eine solche Interpretation des Klavierkonzerts b-Moll von Tschaikowski hatte man noch nicht erlebt.

Lustige Nacht, Öl, 2016
70 × 50 cm

Nach weiteren Konzerten in in- und ausländischen Städten trafen endlich die erträumten Einladungen aus New York, Boston und Philadelphia ein. Eva plante, länger in Amerika zu bleiben. Sie würde ihr Repertoire erweitern. Sie hatte bisher erst wenige Werke von Johann Sebastian Bach aufgeführt, ihre grosse Liebe gehörte der russischen Klaviermusik.

Das Jahr 1923 war ein bewegtes, ereignisreiches Jahr für die Familie Erdeschin. Tochter Eva heiratete im Mai ihren langjährigen Freund Valentin Mrasow. Der Park der Villa mit den hohen alten Bäumen war voll von Blumen, ein farbenprächtiges Blumenmeer. Um die Villa wehten Düfte der verschiedensten Rosensorten – ein Paradies, voll von fröhlichen Menschen. Familie von Erdeschin tat alles, damit sich die Gäste wohlfühlten.

Damals zur Verlobung waren auch Leute aus gehobenen Kreisen und aus Adelsfamilien gekommen. Doch jetzt fand die Trauung nicht im gleich grossen Rahmen statt. Der Umzug von Wien nach Erdeschin stand bevor und weil im November um den Sankt-Martins-Tag herum meist milde Herbsttage zu erwarten waren, sollte erst dann die grosse Feier stattfinden. Doch auch jetzt im zauberhaften Mai gab es unvergessliche Augenblicke. Man sprach viel von dem Hochzeitspaar mit der schönen Braut im Brautkleid aus ecrufarbenem Seidenchiffon und einem schlichten Schleier auf den dunklen Haaren. Das Paar gab sich in einer russisch-orthodoxen Kirche in Wien das Jawort.

Der Wohnsitz der Familie Erdeschin lag nur etwa dreissig Kilometer vom Wiener Stadtzentrum entfernt und so war es nicht schwierig, zum Hochzeitsfest eine Romakapelle zu engagieren. Alle Musikanten kamen aus der Nähe, nur der neunzehnjährige Prímás Gabor nicht. Er kam aus einem Grenzgebiet, das gerade noch zu Österreich gehörte, etwa hundertachtzig Kilometer südöstlich von Wien und zwanzig Kilometer nördlich der Grafschaft. In der Familie hatte man bereits allerlei Feste mit Verwandten, Freunden und mit dem Personal gefeiert. Für die Organisation der Sommerfeste bat Franz von Erdeschin jeweils seinen Freund Alois Magg um Rat. Magg meisterte die Organisation dieser Feste mit Bravour. Als Adjutant von Franz von Erdeschin traf er nun die Vorbereitungen für die Übernahme ganz neuer Aufgaben auf dem Schloss. Mit seinem Wissen und seiner Lebenserfahrung war er dafür bestens gewappnet.

Nach dem Hochzeitsfest packte das Ehepaar Erdeschin-Mrasow seine Koffer, um nach Boston in die USA zu reisen, wohin ihm ein guter Ruf vorausgeeilt war.

Eva war wegen ihrer Heirat zum russisch-orthodoxen Glauben übergetreten. Dies war für ihre Eltern nicht leicht zu akzeptieren – aber sie liebten ihre Tochter und ihren Schwiegersohn Valentin. Sie waren stolz auf das erfolgreiche Paar, und ihre jüngere Tochter Anna blieb ja noch zu Hause.

Diese wohnte zwar wegen ihres Studiums im Stadtzentrum bei ihrer Tante Sophie von Bergen, verbrachte aber Samstage und Sonntage in der Villa der Familie von Erdeschin. Anna und ihr Freund Victor schmiedeten indessen noch keinerlei Heiratspläne. Für Anna war es wichtig, ihr Studium zu beenden und dann nach Florenz zu gehen. Dort hatte sie Freunde, sie besuchten sich gegenseitig. Anna war zufrieden, wenn Victor in der Nähe war.

Gerne warf sie indes schönen Männern verführerische Blicke zu. Wenn sie bei der Feier mit Victor tanzte, macht sie zugleich dem jungen Gabor wegen seiner Virtuosität bewundernde Komplimente.

Wie würde es sein, wenn die Familie die Grafschaft fast zweihundert Kilometer entfernt von hier übernahm? Auch das würde in Ordnung gehen. Aber bis es so weit war, waren noch viele Dinge mit den Behörden und mit dem neuen Personal zu regeln. Vielleicht konnte der alte Graf dabei behilflich sein. Doch Stanislaw war inzwischen sehr gebrechlich geworden.

Als junges Mädchen hatte auch Anna Klavier gespielt, nicht immer mit Freude – und manchmal sogar widerwillig. Dennoch: Wenn Gäste in die Villa Erdeschin eingeladen waren, spielten die beiden Schwestern vierhändig. Das war für Eltern und Gäste immer ein Erlebnis. Am liebsten jedoch spielte Anna Geige. Während ihres Studiums nahm sie Geigenstunden am Konservatorium. Das Instrument sollte sie ein Leben lang begleiten.

Anna war sehr zuversichtlich. Sie glaubte fest daran, innerhalb der nächsten drei Monate die letzten Prüfungen an der Universität Wien zu schaffen. Victor war stark beschäftigt und sie konnten sich nicht alle Tage sehen. Am 13. November wurde Anna sechsundzwanzig Jahre alt. Sie wollte nun Victor doch bald heiraten und – nach dem Florenz-Aufenthalt – auch Kinder mit ihm haben. Die Eltern von Scholl waren bereits ungeduldig, sie wünschten sich Grosskinder.

Wenn alles nach Plan verlief, würden die offizielle Übersiedlung und die Übernahme der Grafschaft Erdeschin am 7. November 1923 stattfinden. Franz von Erdeschin und sein Verwalter Alois Magg hatten alles bis ins Detail organisiert.

Einfach würde die Übergabe nicht. Die Bediensteten aus der Villa in Wien und die Angestellten auf dem Schloss mussten sich erst noch kennenlernen.

Für Franz war es wohl am einfachsten von allen, denn seine Wurzeln waren hier. Manchmal berührte es ihn, wenn er an seinen Vater dachte, der dem Schloss den Rücken gekehrt hatte, um in Wien eine neue Existenz aufzubauen. In Wien hatten sich alle wohlgefühlt und viele Freunde gewonnen, die nun zurückbleiben würden.

Und dennoch waren alle gespannt auf das Leben auf dem Schloss. Das Land war gross, die Grafschaft Erdeschin bekannt für hohe Erträge und das gab viel Arbeit. Den Menschen, die für den Grafen arbeiten, ging es recht gut. Der alte Graf Stanislaw war immer ein zufriedener Mensch gewesen und war es auch jetzt noch, obwohl er sehr krank war.

Franz hoffte auf eine gute Zusammenarbeit mit den ansässigen Menschen, denn die Grafschaft war inzwischen gewachsen. Jedes Jahr kamen kleinere oder grössere Gruppen von Romafamilien von weit her, die sich hier abseits der zwei Grossstädte Wien und Budapest um den Sankt-Martins-Tag ins Winterquartier zurückzogen. Im Sommer leisteten die Roma ihre Dienste auf den Ländereien der Grafschaft und konnten davon einigermassen leben. Viele wohnten mit ihren Kindern in Grossfamilien in sehr bescheidenen Verhältnissen in selbst gebauten Hütten oder grossen Zelten. Die Frauen kümmerten sich um Haushalt und Kinder. Sie kochten das, was die Männer von ihrem Verdienst kauften oder an Naturalien nach Hause trugen. Einige ältere Männer arbeiteten am offenen Feuer, sie schliffen Messer und Scheren und flickten Töpfe. Viele kannten sich in der Romamusik ungarischen Ursprungs sehr gut aus und waren hervorragende Geigen- und Hackbrettspieler oder Blechbläser. Mit ihrer Musik waren sie fast überall willkommen, besonders in den Städten.

Franz aus Wien
wird Graf von Erdeschin

Im Dorf der Roma. Neue Herrschaft auf Schloss Erdeschin.
Seerosen blühen. Liebe auf den ersten Blick. Der alte Graf stirbt.
Aussprache mit Victor. «Ich spiele diese Melodie nur für Sie.»

Hier in den kleinen Dörfern, bei diesen freundlichen Menschen, war heile Welt zu spüren. Jedenfalls dann, wenn es nicht regnete oder sehr heiss war. Auf den durchnässten Lehmböden, auf denen kaum Wasser versickerte, entstand ein abstossender Geruch von Abfällen, vermischt mit Fäkalien. Wenn die Roma hierher in ihr Winterquartier fuhren und bis Ostern blieben, gingen die Kinder zur Schule. Kinder, die dazu keine Möglichkeit hatten, erwarben von den Eltern Geschicke und Handarbeitskünste, mit deren Hilfe sie das schwere Leben als Fahrende meistern sollten.

Im Winter verschwand dieses kleine Dorf namens Klipp fast ganz unter dem Schnee. Die Schneedecke war oftmals so schwer, dass die Fahrenden am Ende des Winters viel Arbeit hatten, um alles wieder in Ordnung zu bringen. Die Natur erholte sich und das Gras und die vielen Blumen kündigten bereits den Frühling an. Und so ging es immer weiter.

Die Bewohnerinnen und Bewohner von Erdeschin und der umliegenden Dörfer hatten etwas nicht Alltägliches erlebt, den Wechsel der Herrschaft auf dem Schloss, das der Stolz des Orts war.

In der Schlosskapelle brauchte es die Hilfe zweier Bediensteter, damit Graf Stanislaw an der kurzen Zeremonie teilnehmen konnte. Der alte Graf drückte in wenigen Worten seine Freude über die Fortführung der Familientradition aus und übergab seinem Nachfolger das Wappen der Familie Erdeschin.

Auf dem Altar der Kapelle unterschrieben die beiden Grafen in grossen Büchern die Urkunde des Schlosses. Mit diesem festlichen Akt wurde die Grafschaft überschrieben und Franz von Erdeschin wurde Herr über ein grosses Gebiet.

Dorf, Öl, 2016
70 × 50 cm

Wie lebte sich Anna von Erdeschin, die jüngere Tochter des neuen Grafen, an diesem ihr noch fremden Ort ein? Und wie fühlte sie sich dabei? Lassen wir sie von nun an über ihre Erlebnisse, über Gefühle, Träume und Sehnsüchte selbst erzählen.

Nach dem Umzug nach Erdeschin war ich zunächst sehr traurig. Alles war hier grösser und mir fehlte die Intimität meiner Familie. Wie bereits früher wurden auch hier die Geburtstage gefeiert, aber in grösserem Rahmen. Es hatte viel mehr Leute auf dem Schloss, die allerdings alle sehr nett waren. Ich hatte mir rasch alle Namen gemerkt und so hatten sie mich, wie die anderen Mitglieder unserer Familie übrigens auch, schnell lieb gewonnen.

Der alte Graf Stanislaw belegte den unteren Teil des Schlosses. Da er an den Rollstuhl gefesselt war, war es für ihn gut, gleich an der rechten Seite des Schlosseingangs sein Zimmer zu haben. Dort war alles eben und für ihn gut erreichbar.

Unser Schlossverwalter Magg kümmerte sich direkt oder indirekt um alles. Ich bekam zwei grosse luftige Zimmer auf der ersten Etage im linken Flügel des Schlosses und war dort ganz zufrieden. Der Blick aus dem Fenster war wunderbar, besonders in der Nacht. Es erinnerte mich an die Zeit, als ich viel jünger war und in Venedig weilte. Eine ganze Nacht hatte ich damals nicht geschlafen und stattdessen auf dem Canale Grande die vielen kleinen und grossen Schiffe beobachtet, die mit vielfarbigen Lampions geschmückt waren. Hier im Schloss, das am Wasser erbaut war – es stand mitten in einem grossen Teich –, hatte ich das gleiche Gefühl wie damals. In einem historischen Führer hiess es über das Schloss:

«Wenn Seerosen blühen und die kleinen gelben Teichrosen, ist es wie ein einziger grosser Blumenteppich.»

Für mich als Romantikerin war das alles ein grosses Erlebnis. Von meinem Schlafzimmerfenster aus konnte ich in weiter Ferne – wie einen feinen Strich – einen Wald sehen. Ich vermutete einen Fluss hinter dem Wald, es musste dieser Fluss sein, der die natürliche Grenze zwischen den zwei Ländern bildete. Von diesem Fluss hatte ich viel gelesen und Herr Magg hatte mir versprochen, mit mir auszureiten und mir meine neue Umgebung zu zeigen.

Zu meinem Geburtstag bekam ich eine Schimmelstute mit dem Namen Flora als Geschenk. Auf dem Schloss gab es einen Zuchtbetrieb dieser in ganz Europa bekannten ungarischen Pferderasse. Ich musste Herrn Magg mehrmals bitten, mir endlich meine neue Heimat zu zeigen.

«Aber gerne, gnädiges Fräulein, doch Sie müssen sich noch etwas gedulden. Zuerst wollten Sie nach Wien, das hatten Sie Herrn von Scholl doch versprochen. Jetzt ist es sowieso zu kalt. Ende März wird es angenehmer sein, jetzt sind die Puszta-Winde kalt und gefährlich. Sie bringen Gewitter, Blitz und Donner!»

Mit diesen Ausführungen beruhigte mich Herr Magg etwas, auch weil er ja damit seinen Vorsatz bestätigte, mit mir auszureiten und gemeinsam die Umgebung zu erkunden. Ich könnte zwar durchaus unsere Pferde satteln lassen und mit meinen Eltern ausreiten, aber mein Vertrauen in unseren Verwalter Magg war sehr gross. Neben dem alten Grafen und meinem Vater war er die wichtigste Persönlichkeit auf dem Schloss.

Ich glaube, es war an einem Donnerstag und ich war gerade aus Wien zurück. Ich hatte mich mit meinem Freund Victor gestritten und war nur wenige Tage in der Stadt geblieben. Er wollte, dass ich an einer Kunstschule arbeitete.

«Diese Stelle ist wie zugeschnitten für dich, Liebling. Ich möchte auch bald heiraten und mit dir eine Familie gründen.» Mit ernster Stimme sagte er: «Anna, ich liebe dich und wir müssen uns entscheiden. Unsere Eltern haben uns schon den Segen gegeben. Uns steht nichts mehr im Wege.»

Es kam anders. Ich ging nicht nach Wien, sondern nahm im Dorf Erdeschin an der Schule eine Stelle als Lehrerin für deutsche Sprache und Kunst an. Die Arbeit an dieser Schule war angenehm. Die Leute waren sehr freundlich zu mir. Viermal wöchentlich fuhr ich morgens einige Kilometer mit unserem Kutscher ins Dorf Erdeschin. Abends holte mich der Kutscher ab und brachte mich zurück.

In Erdeschin besuchte ich eine ältere Musiklehrerin, die früher an meinem Konservatorium in Wien die Geigenabteilung geleitet hatte. So konnte ich auch hier meinen Geigenunterricht fortsetzen. Meine Lehrerin verschaffte mir zudem am Orchester einer nahen Kleinstadt eine Stelle als zweite Geige.

Alles lief sehr gut. Die Leute im Ort und auf dem Schloss Erdeschin schätzten mich und meine Arbeit. Hier war alles neu für mich, aber ich hatte mir sagen lassen, dass ich mich schnell daran gewöhnt hätte, mit vielen verschiedenen Menschen umzugehen. Falls dem so war, musste ich diesen Charakterzug von Graf Stanislaw übernommen haben, der leider gegenwärtig mit dem Tod kämpfte.

Meine Eltern waren besorgt, sie fürchteten, ich wäre hier auf dem Schloss einsam. Tatsächlich, eine richtige Freundin hatte ich hier nicht, dafür viele Kolleginnen und Kollegen. Eigentlich war ich im Allgemeinen zufrieden, obwohl immer wieder Hindernisse auftauchten, die meinem Glück im Weg zu stehen schienen. Vielleicht kannte ich mich selbst noch nicht richtig, allerdings hatte ich mich in Wien, im Umfeld von Glanz und Gloria, auch nicht restlos wohlgefühlt.

An einem Samstagmorgen war ich sehr früh aufgestanden und zum Fenster gegangen, um durchzuatmen. Etwas Wind blies mir ins Gesicht und der Himmel war sehr rot. Mein Vater hatte einmal gesagt, dass ein roter Himmel am Morgen einen baldigen grossen Regen voraussage. Die Wetterprognose für diesen Tag war also nicht rosig. Langweilig war mir nicht, ich konnte mich meinen Geigenübungen widmen und hatte liebe Menschen auf dem Schloss und in der Umgebung. Dennoch bat ich Herrn Magg, unsere Pferde satteln zu lassen.

«Ja, gnädigstes Fräulein, ich freue mich auch und es ist mir eine grosse Ehre, Ihr Begleiter zu sein.»

Bevor wir gingen, verabschiedete ich mich von meiner Mutter. Sie hatte wenig Zeit, denn der Graf empfing samstags und sonntags viele Besucherinnen und Besucher. Im leichten Galopp liessen wir das Schloss hinter uns. Unsere Pferde kannten diesen Weg, er führte zum Bahnhofplatz, der mit Granitsteinen gepflastert war. Nach fast zwei Stunden kamen Herr Magg und ich an den Fluss. Dunkle Wolken hingen über der Grafschaft; es blitzte und donnerte in der Ferne. Herr Magg sagte, dass das nächste Dorf der einzige Ort sei, an dem wir uns vor dem Unwetter schützen könnten. Eine Romasiedlung, die sich dem Fluss entlangzog.

Wir hielten an und gingen mit unseren Pferden ins Dorf. Es war sehr lebhaft. Kleine Holzbaracken, Wagen und Zelte voller Menschen und Tiere. Kinder schrien und Erwachsene versuchten, uns ihre Früchte zu verkaufen.

Die Regentropfen wurden grösser. Herr Magg bat um Schutz. Bis vor ein paar Minuten hatte hier ein alter Mann am Feuer gearbeitet. Jetzt war vom Feuer nur noch eine Rauchwolke zu sehen, die sich in der Höhe verlor. Der Mann stand am Fenster seiner Baracke, das voll von Blumen war. Er streckte den Kopf nach draussen, blickte zum Himmel und schüttelte immer wieder den Kopf.

Inzwischen wurden unsere Pferde versorgt, sie hatten einen trockenen Unterstand und bekamen Futter. Die Leute kamen uns entgegen und alle wollten uns helfen. Man verstand hier kaum das eigene Wort vor lauter Kindergeschrei und wegen des Unwetters. Herr Magg nahm das Angebot, hier Schutz vor dem Gewitter zu finden, gerne an.

Am Fluss, Aquarell, 1988
19 × 13 cm

«Wir sind hier gut versorgt», sagte er. Herr Magg wollte hier mit mir warten, bis es etwas heller würde. Er musste am Sonntagmorgen wegen der vielen Besucherinnen und Besucher rechtzeitig zum Frühstück wieder auf dem Schloss sein.

Etwas später kam *er* und stellte sich und seinen Vater vor:

«Ich bin Gabor List und er ist mein Vater Schandor. Wir zwei leben allein, seitdem meine Mutter starb.»

Und dann ergriff Schandor das Wort:

«Wir sind nicht mehr lange allein, du wirst bald Marga aus dem Nachbardorf heiraten und mit ihr Kinder haben. Ich helfe dir, mein Sohn, die Kinder zu versorgen. Es ist mir unerträglich, dass er noch nicht heiraten möchte und doch schon über einundzwanzig Jahre alt ist.»

Das Gespräch zwischen Vater und Sohn kam unerwartet und berührte mich. Herr Magg war nervös und wäre gern mit seinem Pferd zum Schloss zurückgeritten. Inzwischen hatten Blitz und Donner aufgehört, aber der Wind, der Wind!

Weil er Herrn Magg zu kennen schien, bot Schandor uns eine Möglichkeit zur Übernachtung an. Die Gastfreundlichkeit der beiden Männer beeindruckte uns. Herr Magg bedankte sich höflich und bat den jungen Gabor, unsere Pferde Flora und Max aus dem Stall zu holen.

Ich verfolgte aufmerksam jede seiner Bewegungen, als Gabor zum Stall rannte. In diesem Augenblick spürte ich etwas Niedagewesenes in meinem Inneren.

Echte Liebe? Dämonische Gedanken kreisten in meinem Kopf. Ich befürchtete, ein Dämon habe meine Seele in Besitz genommen. Schon als ich diesen Menschen vor ein paar Jahren bei der Heirat meiner Schwester in Wien zum ersten Mal gesehen hatte, war in mir etwas geschehen. Jetzt endlich wurde mir klar: Es war Liebe auf den ersten Blick gewesen. Doch so etwas durfte ich gar nicht denken. Es war eine Sünde, denn ich hatte einen Freund, Victor von Scholl. Ihm hatte ich Treue geschworen, was so viel war wie eine Verlobung, wenn auch ohne grosse Feierlichkeiten wie bei meiner Schwester! War in meinem Herzen für Victor kein Platz mehr?

In dieser Samstagnacht verabschiedeten sich Schandor und Gabor mit Handkuss von mir. Eine Weile hielt Gabor meine Hand, schaute mich an und sprach:

«Ich wäre überglücklich, wenn Sie bald wiederkommen, gnädiges Fräulein.»

«Bestimmt werden wir wiederkommen», versprach ich verlegen. Herr Magg sass schon auf seinem Pferd, als ich mit einer Leichtigkeit in den Sattel sprang und wir davonritten in die Nacht.

Wir kamen zum Schloss zurück. Es war sehr spät, in den ersten Stunden des Sonntags. In einigen Fenstern war noch Licht zu sehen. Herr Magg und ich gingen beide in unsere Wohnungen. Unser Verwalter hatte eine schöne, geräumige Wohnung, in der auch seine Büros und der Sitzungssaal waren.

Am Sonntagmorgen, vielleicht gegen neun Uhr, fanden wir uns am Frühstückstisch ein. Herr Magg sass dort und las Zeitung. Ich kam spät und hätte gerne auf das Frühstück verzichtet, doch ich wollte mich bei Herrn Magg für den gestrigen Tag bedanken.

Die vergangene Nacht war für mich aufregend gewesen. Ich bekam Angst vor meinen eigenen Gefühlen. Es war alles verboten – verboten, was ich dachte und was ich fühlte. Ich liebte diesen jungen Mann, der um einige Jahre jünger war als ich. Ich liebte seine grünen Augen, sein schwarzes Haar und die dunkle Haut. Vor allem liebte ich seine breiten, kräftigen Schultern. Doch er war ein Fahrender, der mit seinem Vater in einer Baracke lebte, am Rande der Grafschaft Erdeschin. Wie konnte ich mich wieder mit Gabor treffen? Ich war krank und hungrig nach Liebe. Es war nicht einfach, für meine Ausflüge verschwiegene Verbündete zu finden. Herr Magg war einer, der mich respektierte und keine Fragen stellte.

Auf dem Schloss standen schwere Zeiten bevor. Graf Stanislaw hatte nicht mehr lange zu leben. Meine Eltern hatten einen der besten Ärzte aus Wien zum Patienten kommen lassen. Die Nieren funktionierten nicht mehr, es war mit dem Schlimmsten zu rechnen. Noch vor einiger Zeit konnte man den alten Grafen mit seinem Pfleger im Garten oder auf der Strasse sehen. Jetzt war auch das vorüber. Ich war traurig, sprach mit dem Personal und wartete.

Vielleicht würde es sich ja zum Guten wenden?

Nein, leider nicht.

Graf Stanislaw von Erdeschin starb am frühen Morgen. Im Schloss hatte sich die Nachricht schon verbreitet. Auch in Zeitungen und mit Telegrammen hatte man versucht, Freunde und Bekannte zu benachrichtigen. Meine Eltern waren sehr beschäftigt. Viele kamen aus Wien und Ungarn, um dem Grafen die letzte Ehre zu erweisen.

Unter den Trauergästen befand sich die Familie Scholl. Mein Freund Victor war auch da, es war eine Gelegenheit, uns zu treffen. Ich hatte Victor einiges zu berichten. Mit diesem Gespräch wartete ich jedoch, es sollte erst nach der Beerdigung des Grafen stattfinden.

Es war eine bedrückende Zeit in meinem Leben. Nach dem Gottesdienst nahmen in der grossen Kapelle viele Menschen Abschied vom geliebten Grafen Stanislaw von Erdeschin. Sein Leichnam wurde in der Familiengruft neben seiner Frau Amalia beigesetzt.

«Du bist so traurig, du bist müde und bleich, was ist mit dir, meine Liebe?» Victor stand in meiner Nähe und berührte meine Lippen. Wir küssten uns wie damals, vor Jahren, am Anfang unserer Beziehung. Victor blieb etwas länger. Seine Eltern aber reisten nach der Beisetzung des Grafen ab. Nicht ohne zuvor mit meinen Eltern ein kurzes Gespräch zu führen. Man verabschiedete sich im Wissen, dass die gemeinsamen Treffen nun seltener stattfinden würden.

Ich war fast die ganze Zeit mit Victor zusammen. Jedes Mal, wenn ich ihn ansah, hatte ich Schüttelfrost am ganzen Körper. Victor war besorgt um meine Gesundheit.

«Anna, sicher haben deine Eltern bemerkt, dass es dir schlecht geht. Bitte erlaube mir, dass ich mit deinen Eltern rede.»

«Victor, bitte nicht, denn ich muss mit *dir* sprechen. Es ist ein Dämon, der seit einiger Zeit in meiner Seele haust. Ich sage dir die Wahrheit.» Dann fing ich an, es meinem langjährigen Freund zu erzählen. Es fiel mir schwer, weil ich Victor damit verletzen musste, aber ich gestand ihm dennoch, dass es in meinem Leben einen Dämonen gab, eine Beziehung zu einem Fahrenden – Gabor. Nächsten Monat würde ich neunundzwanzig Jahre alt. Eigentlich wollten wir zusammen eine Familie gründen, unter Tränen wurden diese meine Gedanken laut. Wir trösteten uns gegenseitig.

«Ich liebe dich und lasse dich leben, so wie du willst und fühlst. Ich bleibe dein Freund wie damals, als wir uns in der Schule begegneten.»

Victor reiste nach Wien zurück. Hier auf dem Schloss war ich allein in meiner Bedrängnis und mit meinen Sehnsüchten. In letzter Zeit war ich sehr traurig. Schlaflosigkeit und Liebeskummer plagten mich. Am Esstisch erschien ich nur zum Frühstück. Jeden Morgen hoffte ich im Geheimen, dass ich dieses Mal Herrn Magg treffen würde, aber der hatte, wenn ich ankam, seine Zeitungslektüre schon beendet.

An meinem Arbeitsplatz an der Schule in Erdeschin war ich eine ganze Weile nicht mehr gewesen. Meine Freundin Maria besuchte mich zweimal. Durch den Park spazierend führten wir nette und aufbauende Gespräche. Maria sollte vo-

Auf den ersten Blick, Öl, 2013
80 × 80 cm

raussichtlich meine Stelle übernehmen. Ich war froh, dass meine Klasse eine gute Lehrerin bekam. Sobald mein gegenwärtiger Zustand sich verbesserte, wollte ich mich um eine Arbeit auf freiwilliger Basis bemühen.

Auf dem Schloss war es etwas ruhiger geworden. Meine Eltern sah ich selten, denn sie waren oft bei Verwandten oder an einer Veranstaltung. Ich lebte hier allein und dieses Alleinsein hatte für mich auch seine guten Seiten. Viele Briefe erhielt ich, auch von Victor bekam ich welche.

«Zu Hause haben Sie's sicher etwas langweilig. Gnädiges Fräulein, wollen Sie wieder einmal ausreiten?», fragte mich Herr Magg freundlich. Beinahe jeden Tag war ich mit der Schimmelstute Flora in der näheren Umgebung unterwegs. Längere Ausflüge organisierte immer Herr Magg. An einem Samstagmorgen traf ich ihn wieder einmal, als er mit seinem Buchhalter zusammen war; die beiden dachten an einen Ausritt. Sie luden mich ein, mich ihnen doch anzuschliessen. Ich tat es sehr gerne und hoffte dabei, dass ich Gabor sehen würde, obwohl die Romafamilien ihr Winterquartier vielleicht noch gar nicht bezogen hatten.

Aus der Ferne sah ich, dass das Dorf der Fahrenden am Fluss belebt war. Bei der Ankunft im Dorf herrschte ein grosser Lärm von Beschimpfungen, es flogen sogar Gegenstände durch die Luft und krachten auf den Boden am Flussufer. Meine Begleiter waren etwas unruhig, wir wussten nicht, weshalb es zu den Auseinandersetzungen gekommen war. Ich ging näher, nur wenige Schritte und hoffte, dass die Leute mit ihrem wilden Treiben aufhören würden, denn zweifellos hatten sie bemerkt, dass wir Besucher waren und vom Schloss Erdeschin kamen. Herr Magg wandte sich an mich und sagte vertrauensvoll:

«Ich denke, Sie können die Leute beruhigen. Vielleicht haben Sie Glück und treffen Ihren Bekannten. Wir würden dann weiterreiten.»

Kurze Zeit später stand Gabor mit seiner Geige neben mir und flüsterte mir zu:

«Ich spiele diese Melodie nur für Sie, meine Gnädigste.»

Gabor küsste meine Hand und schaute mir in die Augen. Ich war fasziniert von seinen tiefgrünen Augen und in diesem Augenblick fielen alle Hindernisse, die zwischen uns standen. Was ich dachte und fühlte, war unbeschreiblich. Das Gefühl war Sehnsucht – Liebe. Ich liebte Gabor heiss, und er mich auch.

Nach unserer Ankunft war es im Dorf etwas ruhiger geworden. Der Konflikt hatte sich gelegt und vielleicht hatten die Menschen Respekt vor uns. Schandor List besorgte etwas zu trinken für mich. Ich bedankte mich und nahm einen

Schluck. Und dann noch einen, es war erfrischender Apfelwein mit wenig Alkohol. Wir tranken zu dritt. Gabor kam mit einem grossen Stück Käsestrudel und legte die Teller auf einen alten runden Tisch.

«Bedienen Sie sich bitte», sagte er und schaute mich an, ehe er mir vor den Augen seines Vaters einen Kuss gab. Ich erwiderte diesen mit Feuer im ganzen Körper und küsste Gabor leidenschaftlich. Schandor List verliess das Häuschen. Gabor und ich umarmten uns und eng umschlungen fielen wir auf sein Bett.

«Wir sind doch allein?», fragte ich und schaute mich nach Schandor um.

«Doch, wir sind hier ganz allein», antwortete Gabor und küsste mich. Im schwachen Schimmer einer Öllampe sah ich den nackten Körper meines geliebten Gabor und riss mir die Kleider vom Körper. Wie ein Wilder drückte er mich an sich, küsste und liebkoste meinen vor Sehnsucht zitternden Körper. Gabor streichelte und zupfte mein Haar. Ich erwiderte seine Zärtlichkeiten und küsste wie besessen seinen Nacken. In dieser Nacht zum Sonntag liebten wir uns mit Leib und Seele und unsere Körper wurden eins. An mögliche Konsequenzen, welche diese Beziehung nach sich ziehen könnte, dachte keiner von uns. Irgendwann bei Tagesanbruch schliefen wir in unserer Umarmung ein – erschöpft, aber glücklich.

Nach einem kurzen Schlaf weckte mich eine Kinderstimme. Es war ein kleines Romamädchen, das schon längere Zeit mit meinen Locken gespielt haben musste. Überrascht von diesem Besuch weckte ich Gabor. Das Mädchen war ungewaschen und ungekämmt, aber sehr lustig.

«Es ist einfach aus seinem Bett gesprungen und vom Hof zu uns gekommen. Lea ist fünf. In ihrem Haus hat es zehn oder elf Kinder. Lea kann nicht warten, bis sie bei der Essensverteilung an die Reihe kommt. Also kommt sie einfach zu uns und mein Vater gibt ihr immer etwas.»

Lea bediente sich selbst, da wir im Bett blieben.

Am späteren Vormittag dachte ich an die Heimkehr. Gegenüber den Leuten auf Schloss Erdeschin fühlte ich mich wie eine Verbrecherin – aber eine, die sich wohlfühlt. Ich versuchte, mich von schlechten Gefühlen zu befreien, denn meine Liebe zu Gabor war stark.

Keine Ordnung in der Seele

Heimliche Reisen und Gewissenskonflikte. Wunsch, Zauberin zu sein. Die Romanze endet mit einem Entschluss. Wirtschaftskrise und neue Nachfolgeprobleme auf Erdeschin. Belästigung und Auswanderungspläne.

Gegen den Willen seines Vaters versprach mir Gabor, dass er nichts mehr mit der ihm zur Braut auserkorenen Marga zu tun haben wolle. Wir nahmen unsere Pferde und ritten zusammen durch die herbstliche Gegend. Gabor machte einen Umweg und sagte nach einer Weile:

«Dort, es ist kaum zu erkennen, ist eine kleine alte Hütte.»

Die Hütte, eine verlassene Winzerhütte, war sehr hübsch und wirkte, als ob jemand hier wohnte. Mit fragendem Blick schaute ich Gabor an.

«Doch, ja», sagte Gabor, «hier wohne ich. Mein Vater ist ein guter Mensch, aber seit wir beide allein sind, ist er jähzornig geworden. Schlimm ist es, wenn nicht alles nach seinem Willen geht. Ich musste deshalb oft flüchten. Hier fand ich Ruhe. Ab jetzt gehört diese Hütte uns beiden – als unsere Zuflucht, unser Liebesnest.»

Zum Abschied wünschte ich mir nichts sehnlicher, als noch einmal Gabors Oberkörper zu sehen und seine Haut zu riechen. Wir verabschiedeten uns innig und versprachen einander Treue. Gabor begleitete mich ein Stück weit in Richtung Erdeschin, dann trennten wir uns, ohne zurückzublicken. Gabor galoppierte davon und ich ritt ganz allein mit meiner Stute Flora nach Erdeschin zurück.

Es war Anfang November und entsprechend kalt und dunkel. Nach meinem Abenteuer schlich ich in meine Wohnung und fand einen unter der Tür durchgeschobenen Brief. Die Schrift kam mir bekannt vor. Ich öffnete den Umschlag und las, was mir Herr Magg schrieb:

«Gnädiges Fräulein, Sie müssen keine Sorgen haben. Wir hatten viele Leute im Hause, Schulklassen aus der Grafschaft. Der Graf ging davon aus», schrieb Alois Magg, «dass seine Tochter sicher gerne hier wäre und folglich verhindert

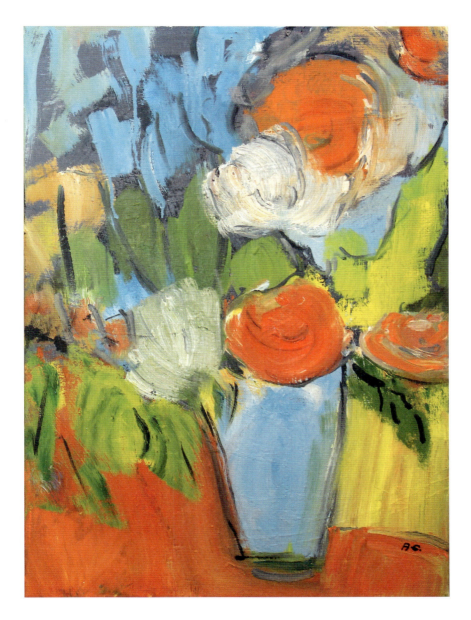

Romantik, Öl, 2016
50 × 70 cm

sein müsse. Es wurden keine weiteren Fragen gestellt!» – Herr Magg beendete seinen Brief wie folgt: «Ihr Freund und treuer Diener – Alois Magg.»

In meinem Zimmer dachte ich über mich selbst, meine Liebe, meine Verbindung mit Wien und vor allem meine Zukunft nach. Ich genoss mein Glück, aber Ordnung in meiner Seele hatte ich keine. In ein paar Tagen, am 13. November, war mein dreissigster Geburtstag. Mein Wunsch zum Geburtstag wäre, noch eine Zeit lang an der Schule im Dorf Erdeschin Freiwilligenarbeit zu leisten, den Geigenunterricht zu besuchen und Gabor regelmässig zu treffen. Andererseits wäre es von Wien aus einfacher, Gabor zu besuchen. All diese Notlügen wären unnötig.

Blieb Victor, mein guter Freund. Ich glaubte nicht, dass er mir Fragen stellen würde. Ich dachte an meine Eltern und an die Schülerinnen und Schüler in Erdeschin. Am meisten von allem würde ich die Loyalität und Freundschaft von Herrn Magg vermissen, ebenso all die lieben Menschen auf dem Schloss. Solche Gedanken und Fragen gingen unablässig durch meinen Kopf. Wie konnte mein bisheriges Leben so kompliziert werden und wie sollte es weitergehen? Auf diese Fragen konnte es nur eine Antwort geben:

«Ich weiss es nicht.»

Zu Hause in Erdeschin fühlte ich mich wieder besser. Aber unsere Köchin sorgte sich um mein Aussehen. Wie immer, wenn sie mich sah, fand sie mich zu bleich und zu dünn, das war schon früher so. Ich entschied mich nun dafür, nach Wien zu ziehen. Ich würde dort eine kleine Wohnung mieten, wo ich ungestört Musik üben und Unterricht nehmen könnte. Kurz darauf setzte ich dies in die Tat um. So konnte ich nicht nur Tante Sophie, sondern auch Victor wieder öfter sehen.

Von nun an zerbrach ich mir den Kopf darüber, wie ich von Wien zum Romadorf und vor allem zur Winzerhütte kommen konnte. Wie weit war es mit der Bahn und wie erreichte man unsere Hütte? Zu meiner Freude entdeckte ich, dass es mit der Bahn etwa drei Stunden waren bis Bort, der nächstgelegenen Ortschaft mit Bahnstation. Von dort bis zur Hütte waren es noch etwa fünfzehn Minuten zu Fuss.

Kurz vor Weihnachten wollte ich Gabor überraschen und machte mich – winterlich angezogen – auf den Weg. Meine hohen Stiefel und mein Fuchsfellmantel gaben mir die nötige Wärme. In der mir unbekannten Gegend konnte ich dies gut gebrauchen.

Liebe und Sehnsucht, aber ebenso Erwartungen an das Schöne im Leben begleiteten mich. Als ich erschöpft ankam, freute ich mich wie ein Kind darauf, von meinem Gabor in die Arme genommen zu werden. Aber ich fand die Hütte leer vor. Die angenehme Wärme im Raum verriet mir indessen, dass hier jemand wohnte.

Bald sah ich tatsächlich Gabor kommen, schwer beladen mit Brennholz. Völlig überrascht liess er das Holz fallen und drückte mich wortlos an seine Brust. Wir küssten uns und berichteten über die bittere Einsamkeit, unter der wir beide leiden mussten. Wir waren uns einig: Auch wir hatten ein Recht auf ein Leben voller Liebe. Ich liess mir meine Kleider aufknöpfen und er liess ein Kleidungsstück nach dem anderen auf den Lehmboden fallen. Gabor packte mich mit beiden Händen und legte mich auf das Bett und sich daneben. Plötzlich sah ich zwischen Balken und Gittern ein Paar grosse Augen, die uns zusahen.

«Ein Tier?», fragte ich erschrocken.

Gabor beruhigte mich:

«Es ist nur mein Pferd, das hinter der Holzwand steht. Über uns ist ein niedriger Holzboden, wo ich im Winter das Heu für mein Pferd lagere.»

In unserem Bett hauste allerlei Getier, aber uns Liebende störte das kaum. Die nächsten drei Tage blieb ich mit Gabor zusammen. Wir gingen draussen Holz suchen und besorgten uns etwas zu essen. Auch Wasser mussten wir holen, was im Winter besonders schwierig war. Die Quellen waren zugefroren, sodass Gabor Schnee schmelzen musste. Das Leben auf dem Land gefiel mir. Auf dem Schloss konnten wir Land und Natur ebenfalls erleben, aber leider hatte man immer etwas anderes zu tun. Hier war ich rundum zufrieden und zum ersten Mal fühlte ich mich als erwachsene Frau, die ihr Leben selbst bestimmt.

Zum Abschied begleitete mich mein Geliebter. Ich dachte, es sei das Beste, unser nächstes Treffen bereits jetzt zu vereinbaren. Denn die Post war nicht darauf eingerichtet, Gabors Behausung zu bedienen. Vor der Rückreise nach Wien war mir eingefallen, dass es vielleicht doch noch eine Möglichkeit gab, hier vor Ort in Bort eine Unterkunft zu finden. So erinnerte ich mich an das einzige Gasthaus am Bahnhof. Es verfügte im Erdgeschoss über ein kleines Zimmer, das ich ohne grosse Umstände mieten konnte. Das Zimmer lag auf der Nordseite, sodass wir beide hier ein- und ausgehen konnten, ohne Aufsehen zu erregen, besonders wenn Züge mit viel Lärm einfuhren. Die Miete lautete auf den Namen List und

Winter, Aquarell, 1995
28 × 18 cm

ich beglich die Miete für sechs Monate im Voraus. Der Wirt war sehr zufrieden, auf diese Weise die lärmigste Ecke im Haus vermietet zu haben.

Wir beide verschwanden sogleich hinter der dicken Eichentür und schauten durch die geschlossenen Fenster auf den belebten Bahnsteig. Nachdem wir uns endlich gründlich gewaschen hatten, gingen wir in die kleine Gaststube, um etwas zu essen und einen Schluck Rotwein zu trinken. Nach dem guten Essen gingen wir zurück in unser Zimmer und setzten uns entspannt und fröhlich aufs hohe Bett. Und dann sagte Gabor zum ersten Mal etwas, worauf ich schon lange gewartet hatte:

«Anna, ich liebe dich und möchte, dass du immer bei mir bleibst.»

Diese Nacht mit Gabor war für mich eine der intensivsten, nicht zu vergleichen mit anderen in meinem bisherigen Liebesleben. Das Erlebnis mit Gabor schien die Erfüllung meines Liebesdursts und meiner Sehnsucht zu sein, die mich völlig in ihren Bann gezogen hatten. Waren dies vielleicht Anzeichen einer Krankheit?

Am nächsten Morgen lagen wir noch im Bett und ich verpasste die Abfahrt des ersten Zugs. Auch der zweite Zug fuhr zu früh, sodass ich schliesslich den dritten Zug nach Wien nahm. Bevor wir das Zimmer verliessen, warf ich einen Blick in den Spiegel. Meine robuste Bekleidung war für mich etwas ungewohnt, sie konnte mich aber vor neugierigen Blicken schützen. Im Zugabteil angekommen öffnete ich das Fenster und rief:

«Also, bis nächsten Samstag.»

Gabor schaute dem abfahrenden Zug lange nach.

Auch wenn ich allein unterwegs war, war mir während der Fahrt nie langweilig. Als ich Hunger verspürte, ging ich in den Speisewagen. Dort fand ich einen netten Fensterplatz. Ich hatte einige Tage und Nächte lang von der Liebe gelebt und so leistete ich mir ein fürstliches Essen. Die vorbeiziehende Landschaft war wunderbar und ich konnte die Schönheit der Natur richtig geniessen.

Und dann kamen wir in Wien an. Am Bahnhof standen zahlreiche Taxis und Fiaker und so konnte ich mich auf dem schnellsten Weg nach Hause fahren lassen. Mit meiner Tante hatte ich für die nächsten Tage einen Besuch im Theater verabredet, ich freute mich auf eine gute Vorstellung. Tante Sophie war überzeugt, meinen Geschmack zu kennen und so liess ich mich überraschen.

In Wien musste ich vielen Verpflichtungen nachgehen. Es blieb kaum Zeit für meine Freunde, für Victor auch nicht. Zum Glück hörten wir uns oft, fast täglich am Telefon.

Als ich mit Tante Sophie im Theater sass, verspürte ich ein leises Bedauern. Ich dachte in diesem Augenblick an Gabor. Er lebte in seiner Waldhütte, ich hier in Glanz und Gloria. Ich war in Gedanken und wünschte mir, ich wäre eine Zauberin und Gabor sässe bei mir. So würden sich, wenn auch nur in meiner Vorstellung, einige meiner derzeitigen Probleme lösen lassen. Denn ein Doppelleben zu führen und unterschiedliche Rollen zu spielen, war sehr schwer. Das wusste vermutlich auch Victor von Scholl. Er verstand mich, aber die ganze Realität meines anderen Lebens war auch ihm nicht bekannt. Vermutlich dachte er, dass ich in einer aussergewöhnlichen Phase und auf der Suche wäre. Er fragte mich nicht viel und zwang mich zu nichts.

Victors Eltern hingegen fragten oft und erinnerten mich bei jeder Gelegenheit daran, dass es an der Zeit sei, an die Gründung einer Familie zu denken. Vor einigen Jahren war ich – wie meine ganze Familie – gerne nach Erdeschin gezogen, aber hier in Wien spürte man den Puls des Lebens und vor allem war ich nicht einsam. Meine Violine tröstete mich in jeder Situation und befreite mich immer wieder von meinem Liebeskummer.

Wir hatten einen sehr kalten Winter, hier fiel viel neuer Schnee und es plagten mich Gedanken, wie das kommende Wochenende verlaufen würde. Ob alles gut gehen würde am Bahnhof von Bort?

Würde es für Gabor vielleicht zu schwer sein, durchzukommen, weil der Schnee zu hoch lag? Bis jetzt hatte es jedes Mal geklappt und ich war ohne grossen Kummer gewesen, dass sich unserer Liebe etwas in den Weg stellen könnte.

Am späten Samstagnachmittag setzte ich mich in den Zug nach Bort. Mit grosser Verspätung kam ich an und eilte in das kleine Zimmer des Hotels. Das Zimmer war geheizt, aber leer. Die ganze Zeit im Zug hatte ich mich gefreut, dass Gabor auf mich warten und mich in seine Arme nehmen würde. Düstere Gedanken kreisten durch meinen Kopf. Vielleicht hatte Gabor eine Auseinandersetzung mit seinem oft zornigen Vater gehabt oder es war ihm im unwegsamen Gebiet etwas zugestossen? Nach einigem Hin und Her in meinem Kopf fasste ich einen kühnen Entschluss. Ich ging zum Wirt und richtete folgende Bitte an ihn:

«Wenn jemand auftaucht und fragt, sagen Sie bitte, ich sei unterwegs zu ihm.»

Draussen war eine eisige, helle Mondnacht. Es war Vollmond – für mich etwas vom Schönsten. Meinen dicken Fellmantel schloss ich bis zum Hals hoch und zog mir meine warme Mütze über die Ohren.

Ohne zu zaudern, ging ich meinem Geliebten entgegen, überzeugt, dass auch er an mich dachte. Alles war gefroren und der Schnee knirschte unter meinen Stiefeln. Frischer Schnee war gefallen. Ich konzentrierte mich auf meine Schritte und plötzlich hörte ich jemanden, der mir entgegenkam. Es war Gabor. Er war kaum zu erkennen. Mit einem Schrei der Freude begrüssten wir uns. Er öffnete seine starken Arme und hob mich hoch in die Luft. Wir küssten uns wie von Sehnsucht besessen. Wir lagen auf dem frischen Schnee und wärmten uns gegenseitig, romantisch im Mondschein und bei beissender Kälte!

Nachdem wir unseren Liebesdurst gestillt hatten, standen wir auf, fast erfroren. Hand in Hand verliessen wir den Ort, unsere Körper hatten ihre Umrisse in den Schnee gedrückt.

Mit den letzten Kräften rannten wir zum Bahnhof und verkrochen uns in einer schlecht beleuchteten Ecke der warmen Gaststube. Höflich fragte der Wirt nach unseren Wünschen.

«Zuerst bitte etwas Warmes zu trinken, wir sind fast erfroren.»

Also gab es zuerst Tee mit viel Rum und dann assen wir etwas, auch Rotwein durfte nicht fehlen. Nach einer Weile rief ich den Wirt und bezahlte. Die Höhe des Trinkgelds überraschte ihn, er hielt das Geld fest in der Hand und verbeugte sich tief.

Nach einigen Metern und zwei Biegungen nach rechts waren wir schon in unserem Zimmer. Es war Mitternacht, vielleicht waren es auch schon die Stunden danach. Nach dem gemeinsamen Waschen warfen wir uns quer über das Bett und ich machte die Augen zu. In meinem Kopf kreiste alles um die neueste Lüge, die meine häufigen Zugreisen gegenüber meinem Umfeld in Wien und auf Schloss Erdeschin kaschieren sollte. Gabor nahm meine rechte Hand, küsste sie und legte sie auf seine Brust. Er sagte, fast unter Tränen:

«Anna, ich liebe dich von ganzem Herzen, aber ich muss Marga heiraten. Margas Brüder und mein Vater gehen mir sonst an die Gurgel. Mein Vater hat mich nämlich in unserer Hütte am Waldrand ausfindig gemacht.»

Wir weinten und umarmten uns wie von Sinnen. Vielleicht war es das letzte Mal, dass wir einander berühren durften. Ich musste vernünftig sein, durfte

Mit Liebe geladen, Öl, 2012
40 × 50 cm

Gabor nicht im Weg stehen. Wir mussten einen Ausweg suchen, denn beide hatten wir gegen die Regeln unserer gesellschaftlichen Herkunft verstossen.

An diesem Samstag verabschiedete ich mich von Gabor. Mit Tränen in den Augen verschwand ich im langen schwarzen Zug nach Wien. Ich setzte mich an einen Fensterplatz und schloss die Augen. Es war der letzte Nachtzug, nach langer Fahrt kam ich in Wien an. Wie immer in den letzten sechs Jahren nahm ich ein Taxi und liess mich nach Hause fahren. Es wurde mir klar, ich war nun wohl das letzte Mal mit Gabor zusammen gewesen. Mein Gehirn war nicht mehr zu denken fähig. Ich versuchte, zuversichtlich zu sein und tröstete mich selbst, denn ich konnte ja mit keinem Menschen sprechen.

In den nächsten Tagen fasste ich mich wieder. Für mich war es jetzt das Beste, alle meine Arbeitspläne in den Vordergrund zu stellen und einfach viel zu arbeiten. Dies soll in solchen Fällen die beste Medizin sein, sagten erfahrene Leute, jedenfalls sobald einmal der erste Schock überwunden war. Und tatsächlich übte ich sehr viel Geige. Meine Musikprofessorin sagte mir sogar kürzlich:

«Gnädige Frau, Sie sind so gut, dass Sie bald eine erste Geige übernehmen können.»

Auf dieses Lob war ich so stolz, dass ich sogar noch mehr arbeitete als bisher. Das ging so weiter bis zu jenem Tag, als ich bei sonnigem Wetter am offenen Fenster mit meiner Mutter auf Erdeschin telefonierte. Dabei bemerkte ich, dass jemand in unserem Garten zwischen den Gebüschen hin- und herlief. Bei näherer Betrachtung konnte ich sehen, dass es sich um einen gut angezogenen Mann handelte.

«Mein Gott», entfuhr es mir, «er hat mich gefunden.»

Gabor wollte mich sehen oder mir etwas Wichtiges mitteilen. Ich liess meine Haushälterin wissen, dass ein junger Mann aus Erdeschin angereist sei und sie diesen im kleinen Salon warten lassen solle. Nach ein paar Minuten würde ich ihn abholen. Ich war überrascht und wütend zugleich. Nach über zwei Monaten Trennung hatte ich mich von meinem Liebeskummer etwas erholt – und jetzt sollte alles wieder von vorn anfangen?

Wir begrüssten uns herzlich mit Wangenküssen. Gabor schien mir etwas sagen oder mich um etwas bitten zu wollen. Stumm sassen wir einander gegenüber, er streichelte meine Wange und spielte mit meinem Haar. Die ganze Zeit über hielt ich ihn mit beiden Händen, sodass es ihm etwas Wärme geben konnte und ich spürte die zitternde Hand des Mannes, den ich so liebte. Dann sagte Gabor:

«Um die Sitten und Bräuche der Roma nicht zu verletzen und dafür bestraft zu werden, muss ich Marga heiraten. Sie hat mich wissen lassen, dass sie von mir schwanger sei. Das war zu erwarten, auch wenn es mich überrascht. Einen Ausweg sehe ich nicht. Grosse Liebe allein reicht nicht, um sich dem zu widersetzen. Nicht einmal die unsere! Es bleibt mir, dir zu danken für alle Jahre des Glücks.»

Gabor versuchte mich zu trösten. «Vielleicht treffen wir uns wieder an einem Konzert oder bei einer anderen Gelegenheit», sagte er und küsste meine Hand.

«Ja, wir werden uns sehen, vielleicht im Himmel», sagte ich leise.

Fast zwei Stunden hatte unser Gespräch gedauert. Für beide war nun klar, dass unsere Liebe ohne Zukunft war. Als Gabor mich verliess, sah ich durch das Gartenfenster, wie er durch den Garten schritt, mit gebeugtem Kopf, als würde er Kieselsteine zählen.

In einer spontanen Regung ging mir durch den Kopf, dass ich mich ab jetzt stärker für die Rechte der Roma einsetzen wollte. So unterschiedlich unsere Herkunft, unsere ganzen Lebensumstände waren, so war es doch schon für meine Eltern selbstverständlich, dass Romafamilien sich in der Nähe des Schlosses niederliessen und da arbeiteten. Auch wenn die gesellschaftliche Anerkennung fehlte.

Gabor war mittlerweile ein in der Gegend bekannter Violinenvirtuose der ungarischen Romamusik. Mit seinen achtundzwanzig Jahren hatte er Aussichten auf eine Musikerlaufbahn. Und ich hatte mich entschieden, allein zu bleiben, ohne an alte oder neue Beziehungen zu denken. Eine versteckte Liebesbeziehung zu leben war reizvoll, aber aufreibend. Andererseits: Mit einem Partner, der auf die Bedürfnisse seiner Frau nicht einginge, wäre es noch schwieriger. Etwa mit einem Mann, der eine elegante Puppe an seiner Seite haben wollte, um sie bei gesellschaftlichen Anlässen vorzuzeigen. Dies sagte ich mir.

Meine langjährige Romanze mit dem jungen Mann war leider zu Ende. Die Trennung von Gabor war bitter, aber vernünftig. Gabor und ich waren einander verfallen, wir hatten uns von unseren Umgebungen abgeschottet und dies hätte trotz der grossen Liebe, die wir füreinander empfanden, unser beider Zukunft gewiss belastet.

Meinen Freundeskreis hatte ich während der ganzen Zeit vernachlässigt. Diesen würde ich nun wieder pflegen und hatte mehr Zeit dafür. Ich widmete auch mehr Zeit den wohltätigen Engagements und immer mehr auch dem Geigen-unterricht am Wiener Konservatorium. Die Lehrerin war sehr zufrieden mit mir und wollte es mir ermöglichen, in einem guten Wiener Orchester zu spielen. Nach Erdeschin fuhr ich nun wieder regelmässig. Meine Eltern schätzten es sehr, wenn ich kam, aber man merkte, dass sie Sorgen hatten, besonders meine Mutter.

Die Dreissigerjahre waren eine schwere Zeit, das zeigte sich immer deutlicher: Rezession und Arbeitslosigkeit herrschten überall, auch in der Grafschaft Erde-schin. Wer konnte allen Leuten Arbeit geben, die Arbeit suchten, wie konnte man alle Arbeiter behalten, statt sie entlassen zu müssen? Wie sollte man sie bezahlen? Das alles bereitete sehr viel Kopfzerbrechen.

Ich war nun schon sechsunddreissig Jahre alt. Für meine Eltern stellten sich Fragen, mit denen sie mich oft konfrontierten: Wann würde ich heiraten und wie stünde es mit einem Nachfolger für Erdeschin? Diese Fragen machten mich ratlos, manchmal sogar zornig, sodass ich am liebsten auf meine Besuche in Erdeschin verzichtet hätte. Mein Vater befürchtete, dass auf Erdeschin schon wieder Nach-folgeprobleme zukämen, wie damals auf Graf Stanislaw, der meinem Vater alles vererbt hatte. Aber wer käme diesmal infrage als Nachfolger auf der Grafschaft?

Tante Sophie von Bergen hatte keine eigene Familie, machte sich aber oft Sorgen um uns alle. Wir waren häufig zusammen. Auch in politischen Fragen war sie gut informiert, sprach jedoch selten ausführlicher darüber. Einmal sagte sie mir im Vertrauen, dass die Eltern meines Freundes Victor von Scholl wegen der politischen Veränderungen und der zunehmenden Belästigungen nach Amerika auswandern wollten. In ihrer bekannten Anwaltskanzlei lief in letzter Zeit so gut wie nichts mehr. Nach diesen Worten meiner Tante war ich wie gelähmt, fragte dann aber nach:

«Sprich bitte – was? Wieso? Das wusste ich nicht. Jetzt muss ich unbedingt Victor sehen und mit ihm reden.»

Ich erreichte ihn am Telefon. Kurz danach trafen wir uns in einem Wiener Kaffeehaus, das ganz in Rosa und Schwarz dekoriert war. Victor sah gar nicht gut aus, so, als ob er eine schlaflose Nacht hinter sich hätte. Seine silberfarbenen Haare liessen ihn etwas älter erscheinen. Bei mir war zwar auch einiges grau ge-worden, was mich jedoch nicht weiter beunruhigte. Ich wollte von Victor mehr erfahren über die Ausreisepläne seiner Eltern. In erster Linie aber wollte ich mit ihm persönlich über unsere Freundschaft in den vergangenen Jahren sprechen:

«Durch alle diese Jahre hindurch warst du der einzige Mensch, dem ich immer alles erzählen konnte. Du hast mich stets verstanden, Victor von Scholl, und dafür danke ich dir. Und sag mir jetzt bitte: Stimmt es, dass deine Eltern nach Amerika auswandern wollen? Aber du bleibst doch hier?»

«Doch, es ist die Rede davon, hier alles zu verkaufen und in ein anderes Land zu ziehen. Ob ich mitgehe, hängt auch von dir ab. Meine Eltern sind enttäuscht, vieles hat sich stark verändert, in der Gesellschaft und auch privat.»

Mir tat das sehr leid und ich empfand auch ein wenig Angst. Dieser Mann hatte mir alles verziehen und mit seiner Liebe durch all die Wendungen meines jugendlichen Lebens zu mir gehalten. Eine bessere Freundschaft als die unsere konnte man sich kaum wünschen – auch wenn sie nicht mehr die Liebesbeziehung von früher war. Wir verabschiedeten uns mit einem Kuss. Nicht ohne uns mit einem Lächeln für das nächste Treffen zu verabreden:

«Wieder hier, nächsten Sonntag.»

Auf dem Heimweg versuchte ich, in meinem Herzen Ordnung zu schaffen und für die neue Situation einen Platz zu finden. Aber dies brauchte Zeit – und Zeit hatten wir nicht viel. Victor hatte immer davon geträumt, mit mir eine Familie zu gründen. Für seine und auch meine Eltern war dies eine glückliche Vorstellung. Ich befürchtete allerdings, dass es ein frommer Wunsch bleiben würde.

Das Geschriebene macht mir Angst und Sorgen

*Erntedankfest. Beunruhigende Zeichen. Von Scholls müssen fliehen.
Die neuen Machthaber verlangen Unmögliches.
Krankheit und Tod der Eltern. 1938 – die Nazis in Österreich.
Geschlossene Grenzen. Sophies Fluchthilfe.*

Nach einer sehr guten Ernte in der Grafschaft Erdeschin hatten meine Eltern zusammen mit den Vertretern des Orts ein Erntedankfest organisiert. Es waren viele Leute gekommen; mildes Herbstwetter und eine farbenfrohe Natur hatten sie angelockt. Graf Franz von Erdeschin hielt eine Rede und bedankte sich bei allen Mitarbeitern auf dem Schloss und an den anderen Orten der Grafschaft.

«In den Nachbarländern hat sich einiges geändert, viele denken zum Guten, aber Misstrauen und Skepsis sind in meinen Augen berechtigt. Trotzdem seid ihr heute alle herzlich eingeladen. Geniesst die Früchte eurer Arbeit.»

Der Graf beendete seine Rede unter grossem Applaus aller Anwesenden.

Ich hatte zwei Freundinnen aus Wien, beides Mittelschullehrerinnen, überredet, an diesen Festlichkeiten in Erdeschin teilzunehmen. Zusammen durchquerten wir das ganze Festgelände in allen Richtungen, wir hatten es lustig. Überall Musik aller Art, an einem Stand assen wir gut und tranken danach ziemlich viel Wein. Unser Rausch hielt sich aber im Rahmen. In meinem Herzen hatte ich den geheimen Wunsch, Gabor zu sehen oder wenigstens seine Geige zu hören. Leider kam es nicht dazu.

«Gabor List ist einer der besten Musiker der ungarischen Romamusik, er spielt in Luxushotels und auch als Solist an Konzerten», erklärte uns der junge Prímás einer fünfköpfigen Kapelle, die am Erntedankfest spielte. Wir bedankten uns für die freundliche Auskunft und gaben ihm etwas Geld, ohne dass er einen Musikwunsch zu erfüllen hatte.

Nach einem Tag der Freude und einer kurzweiligen Nacht nahmen wir zusammen mit zwei netten Männern aus dem Ort einen Fiaker, der uns durch das

Lichter in der Nacht, Öl, 1995
50 × 70 cm

Festgelände zurück nach Hause brachte. Zu meiner Überraschung sassen meine Eltern noch mit anderen Leuten vor dem Schloss und genossen die bunte Beleuchtung des Hauses. Dies und die Lichtspiele in unserem Teich konnte man selten so erleben.

Der Sonntagmorgen brach schon an und meine Eltern und ihre Begleitung spürten, dass es etwas kälter wurde und so begaben sich der Graf und die Gräfin zur nächtlichen Ruhe. Meine beiden Freundinnen aus Wien übernachteten bei uns. Die Nacht war kurz. Nach dem gemeinsamen Frühstück liessen sich die beiden Damen zum Bahnhof fahren, wohingegen wir, die Familienmitglieder und die Angestellten, einen Festgottesdienst besuchten. Dieser war sehr eindrücklich, aber viele Anwesende wirkten müde und bedrückt. Ein paar Tage blieb ich zu Hause, die Angestellten freuten sich, auch Herr Magg, inzwischen ein grauer älterer Herr. Auch jetzt, wie vor Jahren, wartete er beim Frühstückstisch und las seine Morgenzeitung. Als ich dazustiess, als Letzte wie immer, begrüsste ich ihn mit einem freundlichen Lächeln und freute mich, ihn zu sehen. Herr Magg stand auf und sagte:

«Guten Morgen, Gnädigste, es ist schön, dass Sie bleiben, wenn auch nur für kurze Zeit.»

Herr Magg hatte meine Vergangenheit nie mit einem Wort erwähnt oder dazu Fragen gestellt. Genau aus diesem Grund und auch wegen anderer menschlicher Qualitäten hatte ich Herrn Magg immer schon sehr geschätzt. Unser Gespräch dauerte eine Weile und er informierte mich über alles, was auf dem Schloss vor sich ging.

«Die Gräfin hat gesundheitliche Probleme, sie leidet unter einem fortgeschrittenen grauen Star, seelisch ist sie instabil und macht sich viele Sorgen um die Zukunft des Schlosses und die Nachfolge für die Grafschaft.»

Ganz spontan zeigte mir Herr Magg Schlagzeilen aus der Zeitung, die er gerade gelesen hatte. Ich las sie, ohne sie zu kommentieren, aber das Geschriebene machte mir Angst und Sorgen. Was war zu halten von der «neuen Volksgemeinschaft», was von der Polemik gegen «Staatsfeinde», von denen die Blätter berichteten? Meine Eltern kamen nie zu mir mit ihren Problemen und ihrem Kummer, weil sie mich nicht beunruhigen wollten, aber ich spürte es.

Anstatt an diesem Tag auszureiten, erledigte ich einige Dinge und verabschiedete mich von meiner Mutter und von Herrn Magg. Mein Vater war gerade unterwegs auf einer Reise durch die Grafschaft, die er zweimal jährlich organisierte.

Die Kutsche stand bereit, um mich zum Bahnhof zu fahren, denn ich wollte nach Wien, um von meiner Tante Sophie die neuesten Nachrichten zu erfahren. Im Zug, der mich durch die weitläufige Landschaft nach Wien brachte, war alles nagelneu und sehr sauber. Es waren neue Wagen und wir vielleicht die ersten Gäste. Waren dies Anzeichen der grossen politischen «Erneuerung», die sich seit 1933 in Mitteleuropa gewaltsam vollzog? Die Veränderungen nahm auch ich wahr, die sich in den politischen Dingen wenig auskannte. Und nun, drei Jahre später, drohten in Spanien und anderswo Bürgerkriege. Es war nur eine Frage der Zeit, dass der kochende Topf überlief. Während des kurzen Aufenthalts in Erdeschin und auf der Reise nach Wien war ich klüger geworden. Das Gespräch mit Herrn Magg hatte mir die Augen geöffnet.

An der seelischen Instabilität meiner Mutter war ich wohl auch ein Stückchen schuld. In meinem mehr als zehnjährigen Irren und Suchen nach der grossen Liebe hatte ich keine feste Bindung gefunden und für Erdeschin blieb die Nachfolgefrage ungelöst. Nachdem meine grosse Schwester Eva schon sehr früh in die USA ausgewandert war, hatten sich die Hoffnungen auf eine Nachfolge an mich gerichtet. Jetzt wurde es mit meinen fast vierzig Jahren beinahe unmöglich, eine Familie zu gründen.

Dass die Eltern meines Freundes im vorgerückten Alter nach Amerika auswandern wollten, war angesichts des erstarkenden Nationalsozialismus im Nachbarland leicht nachvollziehbar – und die Nazibewegung würde wohl auch uns bald erreichen! Elly von Scholl hätte es unter den gegebenen Umständen sicher nicht leicht. Und meine Mutter tat mir zum ersten Mal richtig leid. Ich wusste selbst nicht genau, weshalb. Gewiss war sie auch deshalb traurig, weil ihre teuren Freunde, die von Scholls, bald abreisen würden. Es schien alles vorbereitet zu sein, um dem unruhigen Europa den Rücken zu kehren und in Amerika das Alter zu verbringen.

Auf Schritt und Tritt spürte ich in der Familie und in unserem Bekanntenkreis Trauer, Angst und Unzufriedenheit. Es war eine depressive Zeit. Sie spiegelte sich im Gemütszustand jedes Einzelnen – auch in meinem. Als ich in Wien ankam, hatte ich alle Hände voll zu tun. Meine Haushälterin kümmerte sich sehr um mich und sorgte dafür, dass ich ein Abendessen erhielt. Dann telefonierte ich mit meiner Mutter in Erdeschin. Ihre Stimme zitterte.

«Vielleicht hat sie geweint?», dachte ich, konnte aber nicht herausfinden, was genau sie quälte. Später beendete ich das Gespräch mit einem aufmunternden «Gute Nacht».

Als Nächstes rief ich Sophie von Bergen an. Sie wusste sehr viel zu erzählen und lud mich zu sich nach Hause ein. Obwohl sie keine enge Beziehung zu Victor von Scholl hatte, wurde auch er eingeladen. Ich wunderte mich zunächst, stellte aber keine Fragen. Fast täglich telefonierte ich mit meiner Tante, aber gesehen hatte ich sie seit mehr als zwei Monaten nicht mehr. Deshalb freute ich mich sehr auf diesen Nachmittag. Als ich dort ankam und Tante Sophie sah, musste ich feststellen, dass sie sehr mager und sichtlich gealtert war – doch liess ich mir nichts anmerken. Wir begrüssten uns herzlich und nach einigen Minuten kam auch Victor, entschuldigte sich wegen der kleinen Verspätung und begrüsste unsere Gastgeberin mit einem Handkuss.

«Stellt euch vor, schräg gegenüber von meinem Grundstück wurde die ungarische Botschaft von den neuen Machthabern mit ganz neuem Personal besetzt. Jeden Tag kommen dort viele Fahrzeuge mit unbekannten Gesichtern an, teilweise auch Militär. Dies alles zusammen macht mir grosse Angst!»

Meine Tante drückte mir ein Notizbuch in die Hand:

«Hier drinnen ist alles aufgeschrieben, was ich höre, lese oder von meinem Fenster aus sehe. Und ich sehe vieles, viele seltsamen Leute und grausame Ereignisse. Vor einer Woche stand ich zufällig hinter den Tüllvorhängen meines Fensters und beobachtete, wie ein Soldat, der vor der Botschaft Wache hielt, von seinem Vorgesetzten bestialisch geschlagen wurde. Ich habe mir vorgenommen, mich nicht mehr so oft am Fenster zu zeigen, sonst verfügt die Behörde vielleicht noch, dass ich aus meiner Villa ausziehen muss», berichtete uns die alte Dame.

Dann wandte sie sich an Victor:

«Ihre Eltern haben recht, nach Amerika gehen zu wollen, in der heutigen verrückten Zeit könnten sie wegen der jüdischen Abstammung Ihrer Frau Mutter leider ernste Probleme bekommen», bemerkte Sophie von Bergen.

Wir wussten alle, dass sie recht hatte. Nach einer Pause ergriff Victor das Wort:

«Wenn das Finanzielle erledigt ist, in spätestens vierzehn Tagen fliegen meine Eltern in die USA. Einige Möbel und Erinnerungsstücke aus Familienbesitz sind bereits mit dem Schiff nach Amerika unterwegs. Vielleicht fragen Sie mich, gnädige Frau, ob ich auch mitfliege? Nein, ich bleibe hier, weil ich hier eine Frau kenne, die ich über alles liebe: Anna.»

Victor schaute mich an und gab mir einen Kuss, was mir sehr angenehm war. Meine Tante war jetzt wieder ruhiger als zu Beginn des Gesprächs. Alsdann wurden Tee und Kuchen serviert und die Gespräche gingen weiter bis spät am Abend. Sophie bat Victor, uns aus ihrem Notizbuch vorzulesen. Er tat dies bereitwillig und besorgt zugleich.

«Ihre Aufzeichnungen, gnädige Frau, enthalten viele interessante Informationen, die uns eines Tages von grossem Nutzen sein können», sagte Victor und bedankte sich. Wir verabschiedeten uns von Sophie von Bergen und bestellten ein Taxi, das uns durch die frische Wiener Nacht in Richtung Westen fuhr, wo von Scholls seit Generationen lebten. Wir sassen eng zusammen wie in früheren Jahren und genossen die gegenseitige Nähe.

Nachdem sich von Scholls in der Heimat von Freunden und Verwandten verabschiedet hatten und zu unserer grossen Erleichterung bereits in San Diego in den USA eingetroffen waren, waren wir alle überzeugt, für einen Moment Ruhe zu haben. Doch neue Probleme tauchten auf. Graf Franz von Erdeschin wurde von Behördenvertretern, die sich in den Dienst der neuen Machthaber stellten, immer häufiger schikaniert und bedrängt. Sie trieben ihn in die Enge und verlangten von ihm Unmögliches.

Regelmässig suchten sie ihn im Schloss auf und liessen sich kaum mehr aus den Räumlichkeiten entfernen. Sie wollten den Grafen überreden, mit ihnen zusammenzuarbeiten. Mein Vater aber liess sich nie überreden und regte sich über die von ihnen begangenen Ungerechtigkeiten immer sehr stark auf. Er wurde krank am Herzen. Zufällig hörte ich zu, wie mein Vater zu seinem Vertrauten, Herrn Magg, sagte:

«Wenn du kein Freund sein möchtest, bist du ein Feind.»

So bald als möglich rief der Graf seine Familie und alle Angestellten des Schlosses zu einer wichtigen Besprechung auf Erdeschin zusammen. Es war eine grosse Versammlung. Vermutlich wussten viele Leute bereits, worum es ging. Nach einer langen Sitzung, an der über sehr grundsätzliche Fragen debattiert wurde, verfügte der Graf, dass in Zukunft alle Sitzungen und Versammlungen mit den neuen Machthabern auf Schloss Erdeschin und den umliegenden Territorien untersagt blieben. Diese strenge Haltung des Grafen stiess in der Grafschaft auf viel Sympathie.

Mein Vater war ein starker, aber sensibler Mann. Ihm wurde sogar vorgeworfen, dass seine jüngere Tochter über viele Jahre mit einem halbjüdischen Anwalt aus Wien zusammen gewesen war. Der Graf war zornig und traurig zugleich.

Menschen im Regen, Öl, 2015
70 × 50 cm

Grosse politische Umwälzungen nahmen nun ihren Lauf. Unsere Heimat Österreich wurde im Jahr 1938 von fremden Truppen ohne grossen Widerstand überrannt und dem «Reich» einverleibt. Andere Leute, andere Gesetze, der Nationalsozialismus war auf rasantem Vormarsch. Eine Vernichtungsmaschine, angeführt von einem Verrückten aus unserer Mitte, der zusammen mit Gleichgesinnten einen globalen Krieg herbeiführen würde. Ich persönlich schämte mich und werde mich immer schämen für die schmutzige, grausame Nazibewegung, die Europa schon bald in Schutt und Asche legen sollte; die in direkter Weise das Leben von mehr als sechseinhalb Millionen Menschen – Juden, Roma, Behinderte, Oppositionelle – vernichten, sie in Lagern vergasen oder auf andere Weise ermorden und viele Millionen weiterer Opfer in mehreren Weltregionen verursachen sollte. Die grösste Tragödie aller Zeiten.

Der Gesundheitszustand meiner lieben Eltern machte mich sehr betroffen. Meine Mutter war schon lange krank und man musste jegliche Aufregung von ihr fernhalten. Ihre Depressionen waren derart stark, dass sie oft von Suizid sprach. Mein Vater war erst vor wenigen Jahren am Herzen erkrankt. Nun war er eines Morgens zusammengebrochen und kurz danach an Herzversagen gestorben.

Für unsere Mitmenschen in Erdeschin kam der Tod des Grafen unerwartet. Er war ein tapferer Mann gewesen – ein gutes Vorbild in jenen Zeiten. Er starb im Alter von zweiundsiebzig Jahren am 2. Dezember 1939. Alois Magg organisierte die Abdankungsfeier für seinen Herrn und Freund. Sie war schlicht und einfach. Herr Magg erinnerte sich daran, dass die Orgelfugen von Johann Sebastian Bach die Lieblingsmusik meines Vaters gewesen waren und liess die Kapelle passende Musikstücke spielen. Sie begleitete die Zeremonie und die Worte des Geistlichen musikalisch im Hintergrund. Meine Mutter wurde im Rollstuhl zur Abdankung gebracht. Auch alle unsere letzten verbliebenen Verwandten waren da, mit Ausnahme meiner Schwester Eva, die leider nicht aus den USA anreisen konnte. Trotz alledem blieb uns und den Menschen von Erdeschin das Begräbnis meines geliebten Vaters als unvergessliches Ereignis in Erinnerung.

Mein Freund, Berater und Beschützer Victor von Scholl stand mir zur Seite. Unsere Beziehung war besser denn je und wir brauchten einander, weil wir uns liebten. So einen grossartigen Menschen traf man nur einmal im Leben. Der Tod meines Vaters hatte meiner Mutter arg zugesetzt. Sie wurde pflegebedürftig. Martha von Erdeschin konnte nichts mehr selbstständig verrichten und musste rund um die Uhr betreut und gepflegt werden. Schliesslich stellten wir eigens eine Krankenschwester ein, Clara mit Namen.

Kürzlich hatte mich meine Mutter um einen Besuch bei ihr gebeten, da sie ja den Weg zu mir nach Wien nicht mehr schaffen konnte. Sie äusserte den Wunsch, dass man sie, wenn es so weit sei, in der Schlosskapelle neben ihrem Mann beisetze. Ich beriet noch kurz mit Victor. Für uns war klar, dass wir den Wunsch selbstverständlich respektieren würden, wenn die Umstände es zuliessen.

Victor und ich waren jetzt wieder ein Paar. Wir hatten bisher nie zusammengelebt oder zusammengewohnt. Doch in Erdeschin, wo meine Mutter mit ihren Angestellten lebte, würden wir zusammen unter einem Dach wohnen. Victor wollte mir in jeder Situation behilflich sein. In Wien hatten wir einiges zu erledigen; wir teilten Sophie von Bergen mit, dass wir eine Zeit lang bei meiner Mutter wohnen würden. Im politischen Chaos um uns herum waren der Alltag schwierig und die Zukunft ungewiss.

Trotz seines Alters arbeitete Herr Magg nach seiner Pensionierung gerne weiterhin für uns. Er erholte sich vom Verlust seines Freundes Franz von Erdeschin nur langsam. Auch bei ihm hatten dieses Ereignis und die belastenden politischen Verhältnisse tiefe Spuren hinterlassen. Herr Magg hatte uns dennoch, hilfsbereit wie eh und je, mit allen unseren Sachen abholen lassen. Es war ein freundlicher Tag, viele Blumen überall, eine grosse Farbenpracht in unserem Park. Ich freute mich, meine Mutter zu sehen. Schwester Clara führte sie uns im Rollstuhl entgegen und wir begrüssten sie schon aus einiger Entfernung mit lauter Stimme. Als die beiden Damen näher kamen, wollte ich meine Mutter ansprechen. Es begegnete mir im Schatten ihres Hutes jedoch nur ein leerer Blick und ich war mir nicht sicher, ob sie mich erkannt hatte. Für uns war es ein trauriger und bedrückender Anblick.

Im Schloss, das nun vorübergehend wieder unser Zuhause werden sollte, trafen wir auf viele bekannte Gesichter. Einige Menschen konnten aber in der wirtschaftlich angespannten Situation leider nicht mehr bei uns bleiben und mussten wohl oder übel irgendwo eine andere Arbeit suchen. Herr Magg wollte alles tun, damit diese Leute eine neue Arbeit fanden. Während der ganzen Zeit, die ich nun bei der Mutter verbrachte, spielten sich immer wieder dramatische Szenen ab. Es kam zu Auseinandersetzungen mit den Behörden und diese erliessen scharfe Verfügungen.

Die grossen Veränderungen, vor denen uns mein Vater immer gewarnt hatte, waren eingetreten. Mit unserem Einverständnis übernahmen einige Angestellte Teile unseres Besitzes, um so dessen Bestand zu sichern und die Krisenzeiten selbst überbrücken zu können. Die betreffenden Verträge konnten auch uns schützen vor weiteren Behördenansprüchen. Für die Pflege meiner Mutter hatten wir alles Mögliche unternommen. So zogen wir Ärzte aus Wien zurate und verstärkten die Pflege mit zusätzlichem Personal. Entsprechend hoch waren jedoch die Kosten.

Victor reiste oft nach Wien und in die Schweiz. Dort konnte er mit unseren Anwälten Teile unseres Vermögens überwachen. Und ebenso das Vermögen seiner Eltern in Amerika, die froh waren, es an einem sicheren Ort zu wissen.

Als es im Spätherbst 1938, ein paar Tage vor meinem zweiundvierzigsten Geburtstag zu starken antisemitischen Gewaltexzessen im benachbarten Ausland kam, erinnerte ich mich daran, wie mein Vater die Katastrophe hatte kommen sehen, auch bei uns. Alles, was in den Fokus des Antisemitismus geriet, wurde in dieser dramatischen Nacht vernichtet – es war die sogenannte «Reichskristallnacht», der Anfang einer viele Jahre andauernden Vernichtungswelle. Wegen dieses nun durchgebrochenen, vorher schon allenthalben spürbaren Hasses hatte mein Vater gelitten; und sich gleichzeitig Gedanken gemacht, wie er Familie und Eigentum vor den Zugriffen neuer Machthaber bewahren könnte.

Meine Mutter hatte sich von ihrem Schlaganfall, den sie nach dem Tod ihres Gatten erlitten hatte, nicht mehr erholt. Vielleicht war es auch die Angst, dass die nach Amerika ausgewanderten von Scholls möglicherweise nie mehr nach Europa zurückkommen könnten, die sie verstummen liess. Alle Tage spazierte ich bei schönem Wetter mit meiner Mutter im Rollstuhl durch den Park. Bei Regen und Wind wanderten wir durch die langen Korridore des Hauses. Martha von Erdeschin war eine zufriedene Patientin und sie schien immer glücklich zu sein, wenn ich in ihrer Nähe war. Sprechen konnte sie nicht mehr, aber wir lächelten uns oft zu. Ich glaubte immer wieder, aus ihren dunklen Augen eine Frage herauslesen zu können. Wirklich verstehen konnte ich sie nicht mehr, aber auf jeden fragenden Blick erhielt meine liebe Mutter von mir einen Kuss auf beide Wangen.

Victor konnte nicht mehr in die Schweiz reisen, da die Grenzen geschlossen wurden, wie überall in Europa. Bloss nach Wien konnte man noch fahren, aber auch nicht ohne Hindernisse. Mit der Unterstützung von Herrn Magg kümmerte sich

Victor im kleinen Büro um unsere Administration. Herr Magg hatte grosse Erfahrung und wir machten alles so, wie er es wollte. Wir wussten, dass wir gelegentlich an die Zukunft unseres Verwalters Magg denken sollten. In all den Jahren hatte er sich mit seiner Arbeit beim Grafen und der ganzen Familie sehr verdient gemacht und seine Loyalität war unbeschreiblich.

Auch in diesem Jahr wurden unsere Felder oder was davon übrig geblieben war von Leuten bestellt, die wir schon seit längerer Zeit kannten. Die jüngeren Männer waren ins Militär eingezogen worden, andere waren einfach verschwunden, wurden verhaftet oder hatten sich abgesetzt. Alte Frauen und Männer mussten hart arbeiten, um für den kommenden Winter etwas Vorräte zusammenzubringen.

Trotz ihrer Krankheit schien meine Mutter die Pracht des Schlossgartens zu geniessen. Meine eigenen Arbeiten reduzierte ich auf ein absolutes Minimum, sodass ich mich meiner kranken Mutter widmen konnte. An heissen Tagen assen wir unsere Mahlzeiten inmitten des duftenden Blumengartens. Manchmal kamen Besucher und Besucherinnen zu meiner Mutter, sie machten sich grosse Sorgen um die Gesundheit der Gräfin. Der Arzt war ebenfalls sehr besorgt über den Zustand seiner Patientin, die jeden Tag schwächer wurde.

«Die Gräfin hat neben allem anderen eine leichte Lungenentzündung und trotz aller Bemühungen müssen wir mit dem Schlimmsten rechnen», sagte der Arzt mit ernster Miene. Eine knappe Woche später, nach einem plötzlichen Fieberschub, starb meine geliebte Mutter, Gräfin Martha von Erdeschin, am 10. Mai 1940. Der Leichnam wurde in der Kapelle von Erdeschin aufgebahrt, sodass die Leute des Orts von ihrer Herrin und Wohltäterin Abschied nehmen konnten. Nach drei Tagen der Anteilnahme wurde die Gräfin in der Familiengruft neben ihrem Gatten beigesetzt.

Meine Schwester Eva war sehr traurig, dass sie auch bei der Beerdigung meiner Mutter nicht anwesend sein konnte. Eine Reise von Amerika nach Europa war in dieser von Kriegswirren erschütterten Zeit schwierig, wenn nicht unmöglich.

Dass ich meine Mutter in den letzten Monaten beinahe Tag und Nacht betreuen, dass ich sie mit viel Liebe und Aufmerksamkeit umsorgen und dass ich meine Tränen und meine Trauer dennoch irgendwie beherrschen konnte, dies erfüllte mich mit Dankbarkeit.

Nach dem Tod der Gräfin waren Victor und ich den ganzen Sommer über sehr beschäftigt. Die Behörden nahmen Kenntnis vom Tod der Gräfin und die Situa-

Per Dekret, Öl, 2017
50 × 70 cm

tion spitzte sich zu. Sie wollten die Grafschaft, die ohne Nachfolge blieb, unter staatliche Aufsicht stellen.

Es ging dann alles sehr schnell. Der dem Nazireich einverleibte österreichische Staat übernahm den gesamten Besitz beziehungsweise was davon übrig geblieben war, nachdem einige Teile zuvor an ehemalige Mitarbeitende überschrieben worden waren. Die Grafschaft mitsamt Schloss wurde von den Behörden enteignet und sie diktierten die Konditionen der Entschädigung. Es gelang uns immerhin, Geld ins Ausland transferieren zu lassen.

Victor wurde nun immer häufiger direkt oder indirekt bedroht – der Familie von Scholl anzugehören war schon Grund genug. Mit meinen fast fünfundvierzig Jahren kam ich zur Erkenntnis, dass ich Victor wirklich liebte und seinen Beistand benötigte. Zu heiraten machte für uns keinen Sinn. Mit der Hilfe von Sophie von Bergen und ihren Beziehungen wäre es vielleicht möglich, meinen Geliebten und Beschützer ausreisen zu lassen.

Wir fuhren nach Wien zurück, um bei Sophie von Bergen wichtige Informationen und Ratschläge zu holen. So verliessen wir Erdeschin schweren Herzens. In Wien konnten wir im Haus von Sophie von Bergen unterkommen. Victor und ich bezogen getrennte Schlafzimmer, schliesslich waren wir nicht verheiratet, das war eine klare Sache, aber uns war das auch recht.

Alois Magg blieb noch eine Zeit lang in Erdeschin, um alles Administrative zu erledigen. Erst dann sollte uns der pensionierte Verwalter nach Wien folgen, denn wir hatten dort für ihn eine angenehme Bleibe gefunden. So wohnte Herr Magg in der ersten Zeit ganz in unserer Nähe.

Jeden Tag beschafften wir uns die erste Tageszeitung. Herr Magg hatte sie jeweils bereits gelesen und konnte uns über die wichtigsten Meldungen vorinformieren. Unmittelbar nach dem Anschluss Österreichs hatte uns das Naziregime mehr oder weniger in Ruhe gelassen, jedenfalls nicht persönlich attackiert, wobei die Zeitungen anfänglich immer wieder über solche Vorfälle berichteten. Nun jedoch begannen die Behörden, sich an Victors Fersen zu heften. Er galt als Sohn einer Familie jüdischen Glaubens.

An einem Nachmittag sass ich bei Tante Sophie zum Kaffee und machte sie mit Victors Situation und unseren Plänen vertraut: dass wir vorläufig nicht heiraten wollten, dass Victor bei der erstbesten Gelegenheit ausreisen würde nach New York, via Zürich und Dublin. Wir zählten auf Sophies Unterstützung und auf ihre vielen Verbindungen, beispielsweise zum Roten Kreuz. Es war ein anstrengendes und trauriges Gespräch. Meine von Krankheit gezeichnete Tante fragte:

«Warum hast du mir nie davon erzählt? Natürlich habe ich mir auch meine Gedanken gemacht. Ein Elend, Kind!»

Mit Unterricht bei Privaten und an einer Schule verdiente ich fortan das Notwendigste zum Leben, denn ich konnte unmöglich an meine Guthaben im Ausland gelangen. Victor befand sich in einer ähnlichen Lage und suchte jeden Tag in den Zeitungen nach einer geeigneten Verdienstmöglichkeit.

Die Zeitungen brachten nun nur noch Berichte und Beiträge, die für die Regierung schmeichelhaft waren. Manchmal musste ich mich selbst fragen, wem ich trauen konnte, wo meine Freunde waren oder wer auf welcher Seite stand. In diesem Chaos konnte man sich nur schwer orientieren. Praktisch jeder schaute für sich, wollte besser leben und auch nur schon überleben. Die Situation, in der wir uns befanden, liess uns noch näher zusammenrücken. Keiner von uns beiden sprach von einer möglichen Trennung. Victor musste aber auf jeden Fall nach Amerika auswandern.

«Ich friere, wenn ich bloss an den Tag der Trennung denke, denn meine Entscheidung ist dir bekannt: ich bleibe hier», sagte ich und drückte seine Hand auf meine Brust. Victors Blick war lieb und traurig zugleich. «Bei der nächsten Gelegenheit breche ich auf nach Amerika; sobald der Krieg vorbei ist, werde ich zu dir nach Wien zurückkommen. Es wird sicher nicht lange dauern, bestimmt nicht.»

Über Beziehungen beschaffte meine Tante Sophie von Bergen für meinen Freund einen Pass, der auf den Namen eines Herrn Dr. Kurt Kündig ausgestellt war. Tatsächlich passierte Victor ein paar Tage später die Schweizer Grenze ohne jegliche Hindernisse, so wurde es uns berichtet. So verliess Victor «vorübergehend», wie er sagte, seine Heimat und liess uns beiden Frauen allein in diesem Teufelskessel zurück.

Sophie von Bergen fasste sich als Erste wieder, sie war eine starke Frau. Mit fester Stimme sagte sie:

«Es geht sicherlich etwa zwei Wochen, bis wir von Victor hören werden.»

«Woher willst du dies alles wissen?», fragte ich sie.

«Ich habe gute Beziehungen zu Angehörigen des diplomatischen Diensts», erwiderte sie und lächelte optimistisch. «In einigen Fällen hatte ich ihnen aus-

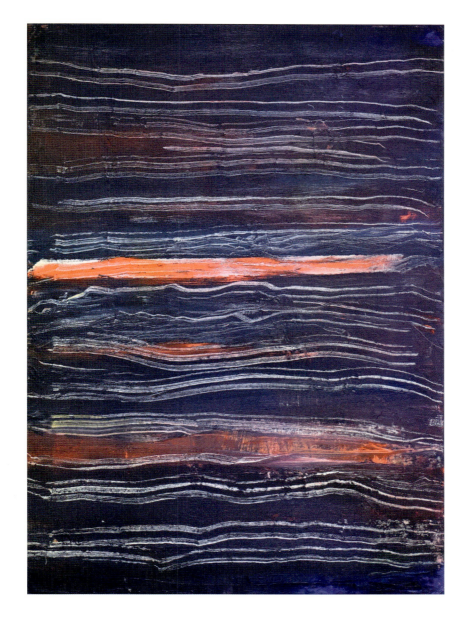

La frontiera chiusa, Öl, 2016
50 × 70 cm

helfen können. Ich habe dort einfache, aber kluge Menschen kennengelernt. Ihre Menschlichkeit hatte mich immer wieder beeindruckt, sie war es, die zählte, wenn auch manchmal die Etikette auf der Strecke blieb.

So war es auch damals, als Stella und ihre Tochter fliehen mussten. Stella war in meiner Jugendzeit eine gleichaltrige Spielkameradin, deren Familie jüdisch war. Wir waren wie zwei Schwestern. Vor etlichen Monaten erfuhr ich, dass Stella mit ihrer Tochter, einer Ärztin, in Wien lebt und dass beide Frauen von den Nazis schikaniert, erniedrigt und mit dem Tod bedroht worden waren. Mit ihrer Tochter – der Ärztin – telefonierte ich etwa zwei Mal, damit sie sich auf ein Treffen bei mir vorbereiten konnten, zu dem ich sie nach einigen Tagen einlud. Wir entschieden uns zu einem gemeinsamen Spaziergang durch die Stadt und ‹verirrten› uns auf den Vorplatz des Schweizer Generalkonsulats. Wir wurden eingelassen, da mich ein Diplomat erkannt hatte.»

Eine geborene Diplomatin

*Sophies Beziehungsnetz. Tödlicher Flugunfall.
Ende des Zweiten Weltkriegs. Anna besucht Victor in Amerika.
Letzte Hoffnung Bogotá. Sophies Werk ist vollendet.
Geigerin Anna auf Orchestertournee. Besuch bei der Schwester.*

«Es war keine Zeit mehr für Diskussionen und Fragen. Wir drei Frauen verabschiedeten uns mit einem kräftigen ‹Auf Wiedersehen und bis bald› voneinander. Es war eine Blitzaktion, die nur dank des Einsatzes und der humanen Einstellung einzelner Behördenmitglieder in Wien und der Schweiz möglich war. Die beiden Frauen konnten in der Schweiz bleiben.»

Ein solcher Ausgang der Geschichte war keineswegs garantiert, wie viele andere Fälle deutlich machten. Sophie von Bergen sprach von einem neuen Lebenssinn, den sie aus dieser Rettungsaktion gewinnen konnte. Sie tröstete mich wegen Victor und seiner Pläne und sagte:

«Grosse Erwartungen an die Zukunft darf man keine haben, man muss sich über jeden Glücksmoment freuen und weiter hoffen, immer wieder hoffen!»

Ein paar Tage später meldete sich Victor aus dem Ausland per Telegramm. Es sei alles gut gelaufen und er werde meine Schwester Eva und Valentin Mrasow treffen. Kurz danach werde er nach Kalifornien fliegen, wo ihn seine Eltern erwarten würden. So lautete die kurze Mitteilung. Wir waren froh, Victor ausser Gefahr zu wissen, hätte er doch in seiner Heimat jederzeit abgeholt werden können wie viele andere, die weniger Glück hatten.

Victor beschrieb uns seine Ankunft in Amerika kurze Zeit später in einem Brief. Wir vernahmen mit grosser Freude, dass alle Verwandten gesund waren. Eva hatte sich wegen ihrer Gichterkrankung vom Klavierspielen verabschiedet und arbeitete nun als Musiklehrerin am Konservatorium in Boston.

Die Lebenseinstellung meiner Tante Sophie hatte ich schon immer bewundert, aber seit ich wusste, dass sie schon seit Jahren bedrohten Menschen zur Auswanderung verhalf, verehrte ich Sophie von Bergen. Sie war eben eine «ge-

Hoffnung II, Öl, 2017
50 × 70 cm

borene Diplomatin». Ich nahm mir vor, ihre humanitären Dienste weiterzuführen und ich hoffte, dass sie meinen Entschluss gutheissen würde.

Im Februar 1943 feierte Tante Sophie ihren achtzigsten Geburtstag. Wir sassen beide im Salon, tranken Tee und assen steinharten Cake. Sie stand auf und ging zu ihrem Sekretär, öffnete eine Schublade, entnahm dieser eine Dokumentenmappe, kam mit etwas unsicheren Schritten zurück zum Tisch und legte sie hin.

Mit ernster Stimme sagte sie:

«Nimm das und lies es. Ich habe dies der Kontaktperson beim Schweizer Generalkonsulat geschrieben und den Brief abgeschickt.»

Sehr geehrter Herr

Haben Sie bitte in diese junge Frau volles Vertrauen. Sie ist meine Nichte, Anna von Erdeschin.

Wir alle fühlen uns verpflichtet, bedrohten Menschen, die vor den Nazis flüchten müssen, bei der Flucht in die Schweiz helfend zur Seite zu stehen und sie so vor einer Deportation in ein KZ zu bewahren.

Ich danke Ihnen.

Mit Hochachtung

Ihre Sophie von Bergen

Ich nahm vom Schreiben Kenntnis und fühlte ich mich plötzlich stark. Es schien, als habe meine Tante ihre Kräfte auf mich übertragen und mir Selbstvertrauen vermittelt. Ich musste ihr versprechen, dass sie in jeder Situation auf mich zählen konnte. Wir vereinbarten, von jetzt an eng zusammenzuarbeiten und Sophie erzählte mir von den Menschen, die in der Schweiz die Leute nach dem Grenzübertritt in Empfang nahmen. Sophie war voller Freude, dass ihre Aufgabe von mir weitergeführt wurde und verabschiedete mich mit einer erstaunlich kräftigen Umarmung.

«Danke, Anna!»

Und so ermöglichten wir dank der Unterstützung von humanitär eingestellten Personen aus diplomatischen Diensten und der Bevölkerung einige Grenzübertritte und konnten auf diese Weise Schutz suchenden Menschen helfen.

Soweit die Umstände des Alltags in jenen Kriegszeiten es zuliessen, spielte ich wieder Geige in einem Orchester. Ich freute mich jeweils bereits am Vorabend der Proben darauf, anderntags meine Kollegen wieder zu treffen. Auf unserem Programm hatten wir unter anderem Mozarts Violinkonzert in A-Dur. Für mich war diese Musik schon immer ein eigentliches Heilmittel gewesen, was vor allem in den gegenwärtig stürmischen Zeiten überlebenswichtig sein konnte.

Aber jeden Tag, wirklich jeden Tag hörten wir auch von Menschen, die verschleppt wurden oder zu denen der Kontakt erschwert wurde, und mein eigener Bekanntenkreis schrumpfte. Die Geheime Staatspolizei hatte sich auch in unserer Stadt fest eingerichtet, in einem ehemaligen Luxushotel. Vielerorts war grosse Armut sichtbar und uns bedrückten auch die zunehmenden Bombardierungen aus der Luft.

An einem Dienstagnachmittag regnete es so stark, dass ich mich beeilte und zu laufen begann. Kurz vor dem Gartentor rutschte ich auf glitschigem Boden aus.

In Begleitung von Tante Sophie, die zufälligerweise dazugestossen war und mir Trost zusprach, brachte mich eine Ambulanz ins Krankenhaus, wo man einen Beinbruch feststellte. Eine Operation war notwendig und Tante Sophie betete für meine baldige Genesung. Im Krankenbett hatte ich viel Zeit nachzudenken. Ich dachte, wie schön es wäre, wenn Victor zu Besuch kommen könnte und wir uns – wie früher – austauschen und Pläne für unsere Zukunft schmieden könnten. Von Victor hatte ich nun schon seit einiger Zeit keinerlei Post oder andere Nachricht erhalten.

Es klopfte an der Tür meines Zimmers und zu meiner Freude kamen meine Tante und Herr Magg zu Besuch. Sie brachten mir einen Brief aus den USA. Welche Überraschung, es war Victors Handschrift. Mein Besuch war glücklich, mir eine Freude machen zu können. Doch die Freude war von kurzer Dauer.

Ich las laut, sodass meine Tante und Herr Magg mithören konnten. Victor schrieb:

Liebste Anna

Nach unzähligen Versuchen, Dich per Brief oder per Telefon zu erreichen, versuche ich es heute mit diesem Brief noch einmal und hoffe, dass Du gesund bist und mich liebst.

Vor einem Monat traf unsere kleine Familie ein unbarmherziger Schicksalsschlag. Meine Eltern wurden von einem befreundeten Ehepaar zu einem Wochenendausflug eingeladen. Mit einem einmotorigen Flugzeug starteten sie am

Flugplatz San Diego und flogen flussaufwärts. Schon nach einigen Minuten je-
doch gab es Schwierigkeiten, das Flugzeug stürzte ab und zerschellte auf dem
Wasser des Flusses. Als Ursache wurde ein Navigationsfehler des Piloten festge-
stellt. Es wurden Flugzeugtrümmer und Körperteile gefunden. Vor einigen Tagen
wurden meine Lieben beigesetzt. Es ist seltsam, beim Kauf unseres Hauses kauf-
te mein Vater auch gleich ein Familiengrab bei San Diego. Dort ruhen sie jetzt.
Ich hatte einen Zusammenbruch und befinde mich in einem Lungensanatorium.

Wo sind nur unsere Briefe geblieben? Es war schon seit meiner Abreise in die
USA schwierig, unseren Kontakt aufrechtzuerhalten, aber je länger die Naziherr-
schaft dauert, desto schwieriger wird es. Bitte schreib mir so oft wie möglich
einen Brief. Vielleicht erreicht mich endlich einer.

Meine aufrichtigen Grüsse an die gnädige Frau Sophie von Bergen und an alle
Freunde in der Heimat.

Dir, liebste Anna, herzliche Grüsse, bitte vergiss mich nicht!

In aller Liebe, Dein Victor

Die Unglücksnachricht lähmte uns. Dazu kam, dass es wegen der grossen Distanz
praktisch unmöglich war, Hilfe zu leisten. Als Erstes sagte Tante Sophie:

«Sobald du aus dem Krankenhaus entlassen wirst, besuchst du Victor in den
USA!»

«Ich nehme deinen Vorschlag gerne an, aber ich kann euch nicht hier allein
lassen, solange du dein Projekt nicht beendet hast.»

Sophie von Bergen hatte sich nämlich entschlossen, in ihrer Villa eine Alterssiedlung zu gründen mit allem, was dazugehörte – Ärzte, Pflegepersonal und
Weiteres mehr. Ich kannte meine Tante. Sie würde nicht mehr lockerlassen,
wenn sie sich einmal etwas wirklich vorgenommen hatte. Sie ging davon aus,
dass, wenn alles gut ginge, die Alterssiedlung in einem Jahr in Betrieb gehen
könnte. Meine Tante und Herr Magg verliessen das Krankenzimmer.

Ich erholte mich im Krankenhaus dann doch recht rasch. Die Ärzte sprachen
bereits von einer baldigen Entlassung, aber ich musste noch fleissig mit dem Bein
arbeiten, damit es am Ende nicht zu kurz herauskommen würde. Ich war dankbar
für die gute Aussicht, auch wenn mich der Unfall nach wie vor ärgerte. Schliesslich
wurde ich mit einer guten ärztlichen Prognose aus dem Krankenhaus entlassen.

Wie aber konnte ich Victor nach dem tragischen Unfall und in seinem schlechten gesundheitlichen Zustand helfen?

Einen kurzen Brief hatte ich bereits abgeschickt und einen weiteren am Tag danach. Ich hoffte sehr, dass ihn wenigstens einer davon auch erreichen würde.

In dieser letzten Periode der Naziherrschaft litt alles, Privates wie Amtliches unter einer sehr strengen Zensur. Glücklicherweise war aber das Ende des Kriegs doch langsam spürbar. Viele Kräfte arbeiteten daran, die Nazis zu zerschlagen und die Menschen zu befreien. Und endlich gelang es. Es war, als ob der liebe Gott uns Menschen plötzlich für die lange Zeit des Leidens belohnen wollte.

Die Schreckensherrschaft der Dreissiger- und Vierzigerjahre, die den Zusammenbruch ganzer Gesellschaften in Europa und auf der Welt verursacht und Millionen unschuldiger Leben vernichtet hatte, dieser Nationalsozialismus wurde endlich zerschlagen. Das wohl grausamste Kapitel der Weltgeschichte war beendet. Die Menschen waren froh darüber, dies zeigte sich in Berlin, Wien, in allen Städten Europas. Die für die Vernichtungspolitik verantwortlichen Verbrecher sollten, so unsere grosse Hoffnung, alsbald verurteilt und angemessen bestraft werden.

Auch die Nachkriegszeit war in Europa eine schwere Zeit. Viele Menschen hungerten und die Lebensmittel blieben rationiert. Überall mussten riesige Trümmerfelder geräumt werden. Unser grosses Nachbarland wurde von den Siegermächten in Besatzungszonen aufgeteilt.

Auch wir in Wien hatten eine Zeit lang Besatzungszonen und überdies erhebliche Probleme, ausreichend Lebensmittel zu bekommen. Kohle und andere Heizmittel waren Mangelware und entsprechend litt die Bevölkerung unter den tiefen Temperaturen. Zum Glück organisierten amerikanische Wohlfahrtsverbände eine gross angelegte Versorgung der kriegsversehrten Bevölkerungen mit «Carepaketen» und anderen Aktionen. Erst ab dem Jahr 1946 begann sich die humanitäre Situation in Europa langsam zu entspannen.

Dank der Hilfe von aussen und durch eigene Anstrengung schritt der Wiederaufbau in Europa voran und die Wirtschaftstätigkeit kam wieder in Gang. Und so hoffte ich, bald nach Amerika zu Besuch fliegen zu können. Mein grösster Wunsch war es natürlich, Victor sehen zu können. Aber noch schöner wäre es, wenn er nach Europa zurückkehren würde. Sophie von Bergen stand in ihrem hohen Alter vor dem Abschluss ihrer Lebensaufgabe und wollte ihr Projekt unbedingt zu Ende bringen. Sie sagte immer wieder:

«Ich kann noch sehr gut auf mich aufpassen und ich bin überdies von vielen hilfsbereiten Menschen umgeben. Die zwei Monate, die du in Amerika verbrin-

Kirschbaum in Blüte, Aquarell, 2000
12,5 × 17,5 cm

gen willst, sind keine Ewigkeit, dem lieben Victor bist du dies durchaus schuldig und Eva wird sich sicherlich ebenfalls freuen, dich nach so langer Zeit wiederzusehen.»

Diese Worte meiner Tante beeindruckten mich sehr und bestärkten mich. So plante ich, im kommenden Herbst zu meinem fünfzigsten Geburtstag nach Amerika zu reisen. Ich benötigte einige Monate, um die Vorbereitungen für die Reise zu treffen. Ich telefonierte häufig mit meinen Leuten in Amerika, denn Victor ging es in dieser Zeit nicht allzu gut. Bereits zum zweiten Mal hatte er sich in ein Sanatorium für Lungenkrankheiten begeben müssen. Wir hofften sehr, dass er sich nach dieser Kur wieder schnell erholen würde. Aber ich hatte noch immer die Befürchtung, dass es sich um Tuberkulose handeln könnte.

«An so etwas will ich gar nicht denken», wehrte ich mich dagegen.

Meine Freundinnen, Lehrerinnen an der Mittelschule, versprachen mir hoch und heilig, während meines Aufenthalts in Amerika auf meine beiden älteren Menschen aufzupassen. Beide waren zwar noch selbstständig, aber es war trotzdem gut zu wissen, dass jemand sie im Auge behielt.

Wirklich beruhigt konnte ich nicht sein, denn ich erfuhr von meiner Schwester Eva, dass Victor – wie von mir befürchtet – schon seit längerer Zeit an Tuberkulose litt. Er selbst hatte sie gebeten, mir dies mitzuteilen, er konnte den Mut dazu nicht mehr aufbringen. Ich dachte, dass ihm vielleicht eine Luftveränderung gut tun könnte. Auf dem schnellsten Weg reiste ich nach New York, auf der gleichen Route wie Victor vor Jahren, via Zürich und Dublin. Meine Schwester erwartete mich in New York. Der Zufall wollte es, dass sie mit ihrem Mann schon seit Wochen in dieser Stadt weilte, wo Valentin Mrasow bei den New Yorker Philharmonikern als Gastdirigent engagiert war und die neue Konzertsaison vorbereiten wollte. Eva riet mir, gleich am nächsten Tag nach San Diego weiterzufliegen, da es mit Victor anscheinend nicht gut bestellt war. Und so nahm ich am nächsten Morgen die erstbeste Maschine und flog in den Westen der USA.

Unter den Wartenden am Flughafen war Victor, gemeinsam mit seiner Cousine Sarah, die in Kalifornien lebte. Die freundliche, lebensfrohe Sarah kam mir mit Victor am Arm entgegen. Er wirkte müde, sehr bleich, mager und war in der Zeit, in der ich ihn nicht gesehen hatte, ganz grau oder besser gesagt weiss geworden. Unser Wiedersehen war sehr herzlich, wir umarmten uns. Er drückte mich an seine Brust und eng umschlungen blieben wir stehen. Sarah stand daneben, aber dann drückte sie uns beide ganz fest. Alle drei waren wir in Freudentränen. Ein Taxi fuhr uns zu einem guten Restaurant, das Victor kannte.

Etwa fünfzehn Kilometer ausserhalb des Stadtzentrums von San Diego lag der Besitz der von Scholls. Die Leere in diesem grossen Haus mit dem weitläufigen Garten war fast unerträglich. Der Garten war auf der Südseite angelegt und alles gedieh dort sehr gut.

Eine ganze Woche war bereits vergangen, bis wir Victors Arzt konsultieren konnten. Dabei stellte sich die Frage der Reisefähigkeit: Wie weit und wie lange würde Victor reisen können und welche Auswirkungen würde die Höhenluft auf seine Krankheit haben? Zu diesem Punkt erinnerte ich mich an eine frühere Aussage von Eva:

«Die Andenluft, die ich während einer Südamerikatournee in Bogotá geniessen durfte, war für mich eine Medizin. Ich fühlte mich wie neu geboren.»

Ich wollte noch einmal mit Eva darüber reden, wollte ihre Erfahrung mit der Wirkung der Höhenluft in Bogotá bestätigt haben. Eva äusserte jedoch die Befürchtung, dass das dortige Klima zu rau sein könnte für einen schwachen und angeschlagenen Menschen wie Victor. Bei kranken Menschen könne Höhenluft offenbar völlig anders als erwartet wirken. In einem längeren Telefonat informierte ich Sophie von Bergen über unsere Pläne. Mein Mut und meine Stärke kehrten wieder zurück. Am Ende des Gesprächs sagte Tante Sophie:

«Wenn die Ärzte und Victor einverstanden sind, kann dich nichts mehr daran hindern, einige Wochen mit Victor zusammen zu sein. Habt keine Sorgen, uns geht es ganz gut.»

Mit ihren guten Wünschen beendete Sophie von Bergen das Gespräch.

In etwas mehr als einer Woche hatten wir unsere Reisedokumente beieinander und in einem Nobelhotel in Bogotá war ein geeignetes Appartement für uns reserviert. Dabei war die Konzertagentur meiner Schwester sehr hilfreich. Alles ging sehr schnell. Das pensionierte Ehepaar, das bei den von Scholls die Liegenschaft besorgte, luden wir ein, mit uns zu reisen, was die beiden als Geschenk von Victor schätzten und gerne annahmen. Die Aufgaben in der Liegenschaft von Scholl wurden derweil von deren Tochter übernommen. Victor war sehr glücklich, dass alles auf diese Weise geregelt werden konnte.

Die erste Woche in Bogotá war nicht sehr angenehm. Victor hatte sich stark erkältet und die Nebenwirkungen seiner neuen Medikamente machten ihm zusehends zu schaffen. So bekamen wir tatsächlich Angst, dass die Höhenlage von Bogotá für einen Tuberkulosepatienten schädlich sein könnte. Im Hotel waren wir bestens versorgt, es verfügte sogar über ein Ambulatorium für dringende Fälle. Während der folgenden Wochen verbesserte sich Victors Zustand laufend. Er hustete praktisch nicht mehr und sein Appetit war sehr gut. Auch war etwas Farbe in sein Gesicht zurückgekehrt und man konnte allgemein einen zufriedenen und glücklichen Victor erleben. Einmal fragte er mich besorgt, ob ich Angst hätte, von ihm angesteckt und ebenfalls krank zu werden.

«Nein», sagte ich, «ich habe keinerlei Bedenken, wir gehören zusammen und ich möchte den Rest meines Lebens mit dir verbringen.»

Victor ist ein wirklich attraktiver Mann, dachte ich, mit seiner Eleganz und seinen Anzügen. Auf Letztere legte er grossen Wert und er verstand es auch, sich zu jeder Gelegenheit passend zu kleiden. Neben all seinen anderen Qualitäten hatte ich auch dies an Victor stets geschätzt.

Unser Aufenthalt in Kolumbien ging dem Ende entgegen und wir bedauerten es sehr, dass unsere gemeinsame Zeit, unsere Flitterwochen voller Liebe und Zuneigung bald vorüber sein sollten. Unsere Begleitung war hingegen nicht unglücklich, bald nach San Diego zurückkehren zu können.

Wir hofften alle, dass Victor bald gesund würde und wir gemeinsam nach Europa zurückkehren würden. So sahen wir der gründlichen Untersuchung unbekümmert entgegen, die Victors Arzt noch durchführen wollte. Sein Bericht sah jedoch sehr schlimm aus und hinterliess bittere Enttäuschung. Auch Tante Sophie zeigte sich bei einem Telefongespräch sehr enttäuscht und traurig über Victors Gesundheit:

«Die neuen Medikamente könnten, wie man so hört, Wunder bewirken. Aber vielleicht könnte die Entfernung eines Teils des rechten Lungenflügels durch einen erfahrenen Spezialisten, wie vom Arzt vorgeschlagen, eine längerfristige Lösung bringen.»

Für ihren Trost und das Mitgefühl war ich Sophie von Bergen sehr dankbar, aber die Entscheidung konnte sie uns nicht abnehmen. Victors Gesundheitszustand verschlechterte sich drastisch. Unter derartigen Umständen war eine Operation gar nicht mehr möglich. Victor wurde in ein Sanatorium eingeliefert. Eines Nachts bekam er hohes Fieber und nach dem Bericht der zuständigen Ärztin wäre er an seinem blutigen Erbrochenen beinahe erstickt. Mir wurde plötzlich klar, dass Victor in Wahrheit zum Sterben hier war und nicht, um gesund zu werden.

Freundschaft, Öl, 2018
70 × 70 cm

Düstere Gedanken gingen durch meinen Kopf. Es bestand die Möglichkeit, im gleichen Sanatorium für Gäste und Verwandte ein Appartement zu mieten. Dies taten wir, sodass ich zusammen mit Victors Cousine stets in seiner Nähe sein konnte. Victor war selten allein, doch waren wir durch eine fast unsichtbare Glaswand voneinander getrennt – aber auch so konnten wir uns nahe sein. Durch die Glaswand standen wir in Kontakt. Ich konnte nicht einmal seine Hand streicheln, ich versuchte aber, meinem sterbenden Liebsten etwas von meiner Kraft zukommen lassen.

Trotz der grossen Fortschritte der Medizin, die damals in Amerika erzielt wurden, konnte Victor nicht mehr geholfen werden. In einer der folgenden Nächte drehte er sich langsam auf eine Seite und schlief zum Glück sanft ein. So verstarb mein geliebter Freund und Lebensgefährte Victor von Scholl in seinem zweiundfünfzigsten Lebensjahr.

Anstatt der geplanten vier oder fünf Wochen blieb ich somit mehr als ein halbes Jahr in Amerika. Es war ein trauriger Aufenthalt mit kurzen Abschnitten des Glücks.

Etwa zwei Wochen nach der Beisetzung flog ich mit Eva und Valentin nach Europa zurück. Für meine Schwester und ihren Mann war es ein Schock. Vom Krieg und der Vernichtung hatten sie einiges mitgekriegt, aber jetzt wollten sie vor Ort alles sehen. Mit ihnen unternahm ich sehr viele kleinere und ausgedehnte Reisen durch das Land, das vom Krieg gezeichnet war.

Beinahe zwei Jahre waren seit dem Kriegsende vergangen, aber noch lag alles in Schutt und Asche. Seit dem Einmarsch der Nazis in unser Land im Jahr 1938 waren bei uns riesige Konzentrationslager entstanden, mehr als in einzelnen Nachbarländern. Nach so vielen Grausamkeiten hatten die Lager nun endlich ihre Tore geschlossen – hoffentlich für immer. Nicht als Vernichtungsstätte, sondern als NIE WIEDER!-Denkmal für kommende Generationen mussten sie bestehen bleiben. Neben den Verfechtern der Naziideologie gab es damals in unserem Land auch vereinzelt Widerstand. Ein widerständiger Geist war mein Vater gewesen, Graf Franz von Erdeschin. Deshalb war er schikaniert und erniedrigt worden. Er hatte darunter gelitten und starb, ohne seine Ideen umgesetzt zu haben.

Eva war sehr wohlhabend geworden und fasste zusammen mit ihrem Mann den Entschluss, etwas tun, um der von Leid und Armut geprüften Gesellschaft zu helfen. Wir hatten vieles gesehen, was Menschen kaum glauben können oder wollen. Auf unserer Reise durch die Heimat trafen wir sehr viele Kinder und alte Leute, die auf der Suche nach Lebensmitteln waren und sich sogar aus Abfallkübeln ernähren mussten. Eva und Valentin dachten an Benefizkonzerte in Österreich.

Mit Sophie von Bergen telefonierte ich fast jeden Tag und war daher bestens informiert über die Aktivitäten der zur Unterstützung des Projekts «Alterssiedlung» gegründeten Stiftung. Eva und ich waren überrascht, dass ihr Projekt so gut vorankam. Wenn es so weiterging, würden die Bauarbeiten in einigen Wochen abgeschlossen sein, sodass die ersten Bewohnerinnen und Bewohner bald einziehen konnten. Die Stiftung wollte sowohl arme als auch wohlhabende alte Menschen aufnehmen, die keine Angehörigen mehr hatten und die hier ihren Lebensabend in einer angenehmen Umgebung verbringen konnten. Herr Alois Magg sollte ebenfalls einziehen und war froh darüber, denn sein Diabetes konnte ohne geschultes Personal nicht richtig behandelt und unter Kontrolle gebracht werden.

All dies berichtete uns Sophie von Bergen. Meine Schwester und ich bewunderten sie für ihren Elan und für die unerschöpfliche Kraft, wovon sie Gott sei Dank noch genügend hatte. Sie übergab ihren Besitz grossenteils dem Stiftungsrat und konnte mit dem Rest bequem in ihrer geräumigen Wohnung leben.

Die düsteren Jahre des Nationalsozialismus und die Schicksalsschläge in unserer Familie und im Bekanntenkreis waren in unserem Leben weiterhin sehr präsent. Mit gemischten Gefühlen schaute ich auf diese Zeit zurück und zog Bilanz. Ich konnte sehr stolz sein auf alles, was ich zusammen mit Sophie von Bergen getan hatte. Ich machte mir aber auch grosse Vorwürfe wegen Rettungsaktionen, die ich aus irgendeinem Grund nicht hatte durchführen können. Manchmal dachte ich, dass ich die grossen Tugenden meiner Tante – die Courage und die Geduld – leider nicht geerbt hatte.

Unsere Rechte betreffend Erbschaft und Vermögen waren bei unseren Anwälten in guten Händen. Sie wiesen uns jedoch darauf hin, dass es bestimmt einige Jahre dauern würde, bis der österreichische Staat alles regeln würde.

Daher war es gut, dass ich wieder an der Schule unterrichten durfte. Ich tat dies aber nicht mit voller Energie. Mich zog es zurück zur Musik, zum Geigenspiel, das ich als einzig wirksame Freude und als Heilmittel für meine Seele betrachtete.

Valentin Mrasow unterschrieb einen vierjährigen Vertrag als Dirigent eines grossen Sinfonieorchesters und Eva hatte ihren laufenden Arbeitsvertrag am Konservatorium in Boston zu erfüllen. Und so reisten beide wieder in die USA zurück.

Es war nun die Zeit gekommen, meinem Leben wieder einen wirklichen Sinn zu geben und so machte ich mich auf die langwierige Suche nach einer Arbeit, die meinen Vorstellungen und Wünschen entsprach.

Ich sammelte Informationen und stiess eines Tages auf ein kleines Stadtorchester von etwa dreissig Musikern, in dem ich mich nach einem geglückten Probeeinsatz rasch heimisch fühlte. Der dortige Konzertmeister wollte sich nach jahrzehntelanger Tätigkeit zur Ruhe setzen. Eigentlich war sein Stimmkollege nach sieben Jahren Zusammenarbeit als Nachfolger vorgesehen, aber ich machte mir trotzdem Hoffnungen, als einzige Frau in die Leitung dieses bekannten Kleinorchesters gewählt zu werden.

Aber nein, Konzertmeister wurde Joseph, ein talentierter Jungmusiker, und dieser bestimmte mich zu seiner Stimmkollegin. Alle waren von diesem Entscheid begeistert, besonders Joseph, denn so wurde er endlich vom lästigen Knoblauchgeruch eines Orchesterkollegen befreit. Und auch ich konnte gut damit leben.

In diesem Orchester in einem äusseren Bezirk Wiens fühlte ich mich wohl. Die Kollegen trugen mich fast auf Händen und nannten mich respektvoll «Frau Gräfin». Dies gefiel mir, weckte aber auch Erinnerungen. Die gute Atmosphäre half mir, mein Selbstwertgefühl zurückzuerlangen und so reagierte ich viel positiver auf gelegentliche Komplimente als früher.

Nach fast zwei Jahren Renovationsarbeiten war es für den Stiftungsrat an der Zeit, das Haus «Altersresidenz Sophie von Bergen» im Beisein der Stifterin zu eröffnen und für den Betrieb freizugeben. Mit ihren Baulandreserven hatte die Einrichtung gute Möglichkeiten, sich auch künftig weiterzuentwickeln.

Überschattet wurde die Eröffnung von einem tragischen Unfall. Bei einem Rundgang im Haus, in das Sophie ihr Vermögen und ihre ganze Kraft gesteckt hatte, stolperte sie im Treppenhaus und verletzte sich tödlich.

Sie wurde mit allen Ehren und unter grosser Anteilnahme beigesetzt. Zu ihrem Gedenken stellte ich aus meinen Erinnerungen eine Würdigung ihres vielfältigen, nicht in allen Teilen bekannten Wirkens zusammen und trug sie den Anwesenden vor.

Violine, Aquarell, 1983
ca. 20 × 20 cm

«Mein Lebenswerk hat ein gutes Fundament. ‹Helfen und immer wieder helfen› ist meine Devise. Nach meiner Auffassung gilt dies für mein weltliches Leben und auch danach», hatte meine Tante kurz vor ihrem Tod erklärt.

Knapp drei Wochen nach dem Ableben von Sophie von Bergen folgte ihr Herr Magg, der langjährige Freund unserer Familie. Er erlag seinem schweren Diabetes. Mit uns war er zwar nicht verwandt, aber doch seelenverwandt und Vertrauensperson über Jahrzehnte.

Unsere Konzertsaison 1948/1949 hatte bereits begonnen. Sie war sehr anspruchsvoll. Oft begleiteten wir bekannte Solistinnen und Solisten, die bei uns gastierten und mit denen wir an vielen Orten auftraten. Die Tourneen in Österreich und im Ausland häuften sich. So führte uns eine wunderbare Fahrt nach Graz, wo wir einen grossen Erfolg feiern konnten. Der bekannte slowenische Geiger Matosch eroberte die Herzen des dortigen Publikums, denn zu jener Zeit galt er als einer der besten Interpreten von Mozarts Musik.

Ich trat in einem langen schwarzen Kleid auf. Auf dem Weg zum Musiksaal sah ich mich im Spiegel der Schaufenster und musste feststellen, dass ich immer stärker hinkte. Es war für mich nicht schön anzusehen: Eine Dame im knöchellangen Abendkleid, die in der rechten Hand den Geigenkoffer schwang – im Takt ihrer unsicheren Schritte!

Wo immer wir mit unserem Sinfonieorchester auftraten, wir wurden vom Publikum gefeiert. Vor Begeisterung warf uns das Parkett des grossen Saals immer wieder kleine Blumensträusse zu, die für die Solistinnen oder Solisten bestimmt waren. Wenn sie direkt vor meine Füsse fielen, durfte ich sie behalten. Nach dem Konzert bedankte sich der Dirigent stets per Handschlag beim Konzertmeister. Auch ich durfte diesen Händedruck oft entgegennehmen, der bei der Dame selbstverständlich von einem grossen Blumenstrauss begleitet war.

Und so blieb ich mehrere Jahre meinem geliebten Orchester treu, bis eines Abends ein Anruf meiner Schwester aus Amerika kam. Eva lud mich nach Boston ein und wollte mit mir eine Südamerikareise unternehmen. Am Telefon schilderte sie mir ihre Reisepläne und bemerkte:

«In Europa bist du nunmehr leider ohne Angehörige. Komm bitte zu mir nach Boston, zusammen können wir unsere Einsamkeit viel besser ertragen.»

Ich konnte meine Schwester sehr gut verstehen. Sie konnte nicht mehr Klavier spielen, litt sie doch seit Jahren an einer schweren Knochenkrankheit. Nach gründlicher Überlegung nahm ich ihren Vorschlag an, fasste meine Entschlüsse und flog kurzerhand nach New York. Einige Tage später traten wir unsere geplante Reise an. Durch Nicaragua, Honduras, Guatemala und andere mittelamerikanische Länder bis in den äussersten Süden des Kontinents. Das Reisen war sehr anstrengend und dauerte mehr als zwei Monate. Für mich war jedoch alles sehr lehrreich, da ich vieles auf dieser Erde noch nicht gesehen hatte. Wie schon lange nicht mehr war diese Reise für uns Schwestern eine grosse Gelegenheit, zusammenzurücken.

Manchmal befürchtete ich, dies könnte die letzte gemeinsame Reise sein. Ähnliche Gedanken hatte ich schon vor dem Reiseantritt. Eva sah nicht gesund aus, doch Gott sei Dank überstand sie alles gut. Auf dem Rückflug machten wir einen Zwischenhalt in San Diego. Ich besuchte das Grab meines Freundes und seiner Eltern. Ein letztes Mal wollte ich ihnen Adieu sagen.

Zurück in Wien nahm ich nach dieser langen Pause sehr gerne meine Tätigkeit beim Orchester wieder auf. Das «Privileg» der einzigen Frau im Orchester besass ich nicht mehr, waren doch fünf neue Frauen hinzugekommen. Die Zusammenarbeit im Orchester wurde dadurch lebhafter. Für kurze Zeit musste ich zwar eine der zweiten Geigen übernehmen. Die Gage war jetzt aber bedeutend höher und ich konnte mit der Musik meinen Lebensunterhalt sehr gut meistern.

Auch acht Jahre nach dem Krieg waren die Fragen unser Vermögen betreffend noch nicht geregelt. Als Musikerin hätte ich längst an meine Pensionierung denken sollen, aber ich hatte mir vorgenommen, weiterzumachen, solange ich das Griffbrett beherrschen und den Bogen führen konnte.

Herumziehen mit dem Orchester passte mir gut, denn das Nomadenleben hatte mir schon immer gefallen, vor allem in meinen jungen Jahren, in den Zeiten wilder Verliebtheit, als ich beinahe zur Fahrenden geworden wäre. Und in den späteren Jahren genoss ich unsere Streifzüge durch die grossen Städte in Europa und Amerika.

Wir alle waren stolz, mit unseren Gastspielen in berühmten Konzertsälen Erfolge feiern zu können. Und jetzt plante unser Chefdirigent eine Tournee durch Slowenien. Ausgerechnet Slowenien! Als ich damals mit Eva auf Europareise war, verliebte ich mich in dieses kleine Alpenland und schwor mir, nach Möglichkeit

Auftritt, Öl, 2017
120 × 80 cm

meinen Lebensabend in diesem schönen Land zu verbringen. Ich sah mich schon ein Haus bauen in der Nähe einer kleinen Kapelle und mit Blick auf einen Bergsee. Ich stellte mir vor, wie die kleine Kapelle bei Sonnenuntergang im See badete und so den eigenen Schatten küsste. Ein Märchen also.

Wir blieben aber in Ljubljana, wo wir zuerst – zusammen mit den Solistinnen und Solisten – tagelang übten, um dann mit einem Violinkonzert von Felix Mendelssohn die Saison zu eröffnen.

Trotz unserer Erfolge fühlte ich mich zwischendurch immer wieder einsam. Ich beschloss, dass sich bald etwas ändern musste. Ich wollte mich mehr um meine Freundinnen und Freunde kümmern, denn Musik bedeutete mir zwar sehr viel, aber eben nicht alles im Leben.

Das kulturelle Angebot in unserer Stadt war sehr gross und natürlich gastierten bei uns in Wien sehr gute Orchester aus anderen Städten. Da war es eine Wonne, im Parkett zu sitzen und die Meisterwerke zu geniessen.

Ein Traum wird wahr

In den 1960er-Jahren. Evas Beerdigung.
Anna ist finanziell abgesichert. Ein neues Kulturzentrum
in Slowenien. Niobe und ihr Sohn Jan. Eine Weltreise –
immer dem Sommer nach. Die Frage der Nachfolge.

Wenn man mich gefragt hätte, ob ich mich auf den bevorstehenden Ruhestand freute, hätte meine Antwort gelautet:

«Nein, es ist noch viel zu früh, ich denke überhaupt nicht daran!»

Aber die Jahre zogen unerbittlich vorüber und plötzlich waren die Menschen alt. Einige meiner Kollegen im Orchester hatten bereits Platz gemacht für jüngere talentierte Musikerinnen und Musiker, die natürlich glücklich waren, in einem Vorzeigeorchester arbeiten zu dürfen. War auch ich bald an der Reihe?

Wenn ich mich im Spiegel sah, dachte ich:

«Oh, mein Gott, wie bin ich alt geworden!»

Das waren die Momente, in denen man das Leben umkrempeln und sich Neuem zuwenden mochte. Ich wünschte mir eine Veränderung. Und mein Spiegelbild gab mir die sofortige Bestätigung:

«Ja, tue es, Anna von Erdeschin!»

Aber wohin sollte die Reise gehen? Ich war nicht als Einzige reifer geworden, mit mir waren es auch meine Familie, enge Freunde und Bekannte, meine Vorbilder, die mich begleiteten und denen ich viel Lebenserfahrung verdankte. Wie im Film tauchten Bilder in meinem Kopf auf, am längsten hielt sich jenes meiner Tante Sophie von Bergen. An ihr beeindruckten mich viele Dinge, besonders die Zuversicht und das nie erlahmende Interesse an neuen Vorhaben im Leben.

Es war mittlerweile das Jahr 1960. Der Winter kam zu früh in diesem Jahr und war sehr kalt. Bei uns grassierte eine gefährliche Grippeepidemie, aber auch aus den USA meldete mir meine Schwester Eva vor einigen Tagen, dass sie bei sich ebenfalls Symptome der Grippe feststellen musste. Nach diesem Gespräch mit Eva war ich besorgt, vielleicht auch ohne Grund, aber ich hatte in der Zeitung gelesen, dass einige ältere Menschen der Grippewelle bereits zum Opfer gefallen waren.

Das Schweben, Öl, 2017
50 × 70 cm

Wir planten ein baldiges Zusammentreffen wegen unserer Benefizkonzerte in Österreich, die wir uns vorgenommen hatten, als Eva und Valentin das letzte Mal hier zu Besuch waren. Im Frühjahr sollte Eva nach Europa kommen. Aber das Schicksal wollte es anders. Nicht Eva kam nach Europa, sondern ich musste leider Gottes nach Amerika fliegen. Für mich brach die Welt zusammen, als ich erfuhr, dass meine Schwester, meine letzte Verwandte, in einem Bostoner Krankenhaus an einer akuten Lungenentzündung verstorben war. Bei meiner Ankunft in Boston konnte ich meine geliebte Schwester gerade noch ein letztes Mal sehen, eingebettet in einem Blumenmeer. Traurig wünschte ich mir, dass ich als Letzte der von Erdeschin auch gleich tot wäre.

Meine Schwester wurde in dem Familiengrab beigesetzt, das vor ungefähr zwölf Jahren von den Eheleuten von Erdeschin-Mrasow erbaut worden war. Es trägt den Namen des heiligen Cyrill, eines slawischen Apostels aus dem neunten Jahrhundert. Valentin Mrasow war untröstlich und hatte grosse Schwierigkeiten zu begreifen, dass Eva nicht mehr am Leben war.

«Ich melde mich in der Psychiatrie, ich finde keine Ruhe, keinen Frieden.»

Der weltbekannte Dirigent war ein gebrochener Mann. In einem jähen Anfall von Zorn sagte er:

«Ich werde alles verkaufen und vieles vom Vermögen verschenken. Am besten sogleich, denn ich habe keine Kraft mehr. Nur Arme können unser in vielen Jahren zusammengetragenes Vermögen richtig nutzen. Ich kann dies nicht mehr, es ist Schluss!»

Zwei Wochen später war ich wieder zu Hause in Wien. Zu Hause? Manchmal fragte ich mich, wo dieses «Zuhause» eigentlich war. Es war noch immer mein sehnlicher Wunsch, mich in Slowenien niederzulassen, in der Nähe von Bled, dort, wo sich das Bild einer kleinen Kapelle in mir eingeprägt hatte, die sich in einem Bergsee spiegelt.

Nach einem Gespräch mit dem Anwalt meines Vertrauens war ich zuversichtlich. Ich musste nie mehr sparsam leben. Meine finanzielle Situation sah gut aus. Die Entschädigung für den Familienbesitz Erdeschin war damals von den Enteignern zu ungünstigen Konditionen diktiert worden. Mein Anteil reichte jedoch für mein jetziges Leben völlig aus. Er würde es mir sogar erlauben, einige über lange Jahre gehegte Wünsche zu verwirklichen, vielleicht sogar im Bergland Sloweniens eine Bleibe zu finden. Ich wusste, dass die Zeit nun gekommen war, ein solches Vorhaben anzupacken.

Inzwischen hatte mein Schwager Valentin Mrasow sein Leben wieder in den Griff bekommen. Der einst gefeierte, mehrfach ausgezeichnete Dirigent und Ehrenbürger einiger Städte wollte auf seine Güter verzichten. In einem Hotel bei Boston mietete er ein Appartement und liess sich dort nieder. Sein neugewähltes Zuhause war nicht weit von seinem ehemaligen Domizil entfernt. So konnte er in Ruhe sein Hab und Gut auf die Personen übertragen, die früher für die von Erdeschin-Mrasow gearbeitet und jetzt den Auftrag hatten, die Grabstätte von Eva zu pflegen, die eines Tages auch seine eigene werden sollte.

Dies aus Amerika zu erfahren beruhigte mich sehr, denn mein Schwager hatte sich offenbar wieder gefangen. Wir blieben in engem Kontakt und wollten dies auch in Zukunft so halten.

Seit dem Tod meiner Schwester waren nun fast zwei Jahre vergangen. Für mich war es eine traurige Zeit, genauso wie für alle, die Eva gekannt und als Pianistin geschätzt hatten. Da wurde ich von einem Anruf und später von einem amtlichen Schreiben überrascht. Man informierte mich, dass mich meine Schwester zur Erbin all ihres Geldes gemacht hatte, das auf verschiedenen Banken deponiert war. Das Testament enthielt eine Notiz meiner Schwester, an mich gerichtet:

«Nimm das entgegen, Anna. Ich weiss, dass Du das ungern tust, aber so kannst Du Dir auch etwas leisten.»

Ich war meiner verstorbenen Schwester dankbar. Die Wartefrist für den Erbgang war abgelaufen und die Eigentumsverhältnisse waren geklärt. Für mich kam dies alles unerwartet und ich wusste nicht recht, wie mit dem grossen Geld umgehen.

«Ein guter Geldberater muss her», dachte ich, «ich selbst kenne mich damit zu wenig aus.»

Ich war es stets gewohnt, von der Hand in den Mund zu leben und dies war mir nicht besonders schwergefallen, auch weil ich insgeheim daraufsetzte, dass das (lange blockierte) Familienvermögen mir Sicherheit bieten würde. Und so fiel es mir jetzt auch nicht schwer, mir grössere Vorhaben auszumalen, da die finanziellen Möglichkeiten ja nun gegeben waren.

Anlässlich eines Aufenthalts im Ort Erdeschin engagierte ich mich für den Bau eines neuen Waisenheims sowie für die Renovation des bereits bestehenden Hauses. Bei solchen Vorhaben dabei zu sein und mitzuhelfen, erforderte nebst dem Geld viel Zeit und Kraft. Zum guten Glück standen mir meine alten und auch neue Freundinnen und Freunde zur Seite.

Nun aber konnte ich mich endlich auch meinem sehnlichsten Wunsch widmen, mich an einem Bergsee im slowenischen Bled niederzulassen und einen Ort der Begegnung, der Förderung von Kunst und Kultur aufzubauen, wie er mir schon länger vorschwebte. In unmittelbarer Nähe des Bergsees zu bauen war jedoch unmöglich, meine Pläne scheiterten am Naturschutz. Ein Traum war damit bereits geplatzt, besser gesagt, ich musste ihn revidieren.

In unerwartet kurzer Zeit erhielten wir dann die Baubewilligung für unser Projekt gerade südlich der Grenze zu Österreich. Dort stand uns ein grosses Stück Land zur Verfügung, um ein Musik- und Kulturzentrum aufzubauen. In dem neuen Haus sollten musikalisch talentierte Kinder aus armen Familien aufgenommen und gefördert werden, dies war das Ziel des Projekts. Damit wollte ich auch Ideen meiner Eltern und meiner Schwester aufnehmen: Grosszügig und doch ökonomisch sollte gebaut werden, der Bau sollte gut in die Landschaft passen und humanitären Zwecken dienen.

Zu meinem Geburtstag im Herbst 1965 wurde mein Traumhaus nach beinahe dreijähriger Bauzeit fertiggestellt. Entstanden war ein Gebäude mit hellen, freundlichen Räumen, noch ohne viel Infrastruktur, das es nun mit Leben zu erfüllen galt. Kolleginnen und Kollegen, pensionierte Musikerinnen und Musiker aus Zeiten des Wiener Orchesters, mit denen ich noch in engem Kontakt stand, halfen mir in jeder Hinsicht. Sie wollten mit mir zusammen talentierten Kindern Gelegenheit bieten, sich mit der Musikwelt vertraut zu machen.

Bei einer Erkundung vor Ort noch vor Baubeginn waren wir in den umliegenden Ortschaften auf verschiedene Jugendliche getroffen, die ihre Instrumente so gut spielten, dass bei uns Gleichgesinnten eine Idee aufkam: Wir fragten sie, ob sie mit uns zusammen ihr Musizieren und ihre Musikkenntnisse vertiefen wollten. Gratismusikstunden sozusagen! Und dies in einem grossen, weiss gestrichenen Haus mitten in der Natur und in unmittelbarer Nähe zu einem unruhigen, sauberen Fluss. Für Klavier und Geige fanden wir rasch Kandidatinnen und Kandidaten, die weiterkommen wollten, wie zum Beispiel Georg, den siebzehnjährigen Jungen, der später in Klagenfurt an der Musikschule Klavier studieren wollte. Er war sehr froh, dass wir ihn schon bald mit Klavierstunden darauf vorbereiten würden.

In diesem Jahr würden wir unser Haus mit allen notwendigen Infrastrukturen ausstatten. Ebenso dringend war ein gut befahrbarer Weg oder gar eine Strasse.

Kleines Haus, Öl, 2015
50 × 70 cm

Unser Kulturzentrum war ja erst im Aufbau, aber rasch hatte es einen guten Ruf und wir freuten uns, dass sich auch bekannte Solistinnen und Solisten unserer Initiative «Entdeckung von Talenten» anschlossen. Sie kamen von nun an gerne in die erholsame Gegend, um etwa während ihrer Ferien unseren Talenten Unterricht zu geben.

Wir, die diese Benefizkurse organisierten, freuten uns über den Erfolg, denn solche Begegnungen haben eine starke Wirkung auf die ganze Laufbahn der jungen Künstlerinnen und Künstler. Im Zentrum wurde jedes Jahr etwas gebaut und vergrössert und unser Haus wurde noch bekannter. Erfahrene Musikerinnen und Musiker wollten ihr Können und Wissen weitergeben.

Im kommenden Sommer würden wir unser kleines Schwimmbecken eröffnen. Hundertzweiundzwanzig Steinstufen führten vom Haus zum Bad hinunter. Für die älteren oder gehbehinderten Besucherinnen und Besucher – auch für mich – war vorgesorgt worden: Die ganze Treppe war beidseitig mit einem soliden Geländer versehen und Sitzbänke aus Stein boten Gelegenheit zum Ausruhen.

Wenn ich unser Werk etwa in einer lauen Sommernacht betrachtete, überkam mich ein Glücksgefühl, so stark wie schon lange nicht mehr. Ideale meiner Familie und meine eigenen Vorstellungen fanden sich in dieser Institution vereinigt und realisiert. Neben den fünf Angestellten, die schon seit Beginn für uns arbeiteten, erhielten wir immer wieder Hilfe aus unserem Bekanntenkreis. Wir waren sehr froh darüber, denn das Alter machte sich bemerkbar.

Auf Empfehlung von Bekannten, mit denen ich schon seit Jahren befreundet war, stellte ich eine fünfunddreissig Jahre jüngere Dame als Assistentin ein. Ich wusste nicht viel von ihr, ausser dass sie eine schwierige Kindheit gehabt hatte. Ihr Name war Niobe Lazar, sie war in einer Pflegefamilie aufgewachsen. Sie erzählte mir, dass sie als neunzehnjähriges Mädchen ein Söhnchen bekommen hatte, das auch bei Pflegeeltern wohnte, in der Nähe von Graz. Sie selbst hat in verschiedenen Gegenden zwischen Bratislava, Budapest und Wien gelebt.

Sonst erzählte Niobe nicht viel von ihrer Vergangenheit und ich fragte sie auch nicht danach, um sie nicht zu bedrängen. Zwischen uns entwickelte sich eine Art Mutter-Tochter-Beziehung und es schien mir manchmal, als ob wir uns schon eine Ewigkeit kennen würden. Niobe liess sich eine Spezialbewilligung für den Grenzübertritt ausstellen, die es ihr erlaubte, ihren Sohn Jan in Österreich zu besuchen und die ihm umgekehrt den Besuch in Slowenien erleichterte.

Begegnung, Öl, 2015
100 × 100 cm

Wir luden den Jungen öfter zu uns ein, ganz besonders, wenn Künstlerinnen und Künstler bei uns weilten. Denn Janka, wie Niobe ihren Sohn Jan nannte, war ein talentierter Geiger und beherrschte damals schon sein Instrument hervorragend. Er spielte in einem kleinen Orchester in Graz.

In der Konzert- und Opernsaison 1975/1976 gingen wir regelmässig zu den Premieren in Ljubljana. Es bestanden gute und günstige Reisemöglichkeiten und die Strassen waren gut ausgebaut. Das Opernhaus in Ljubljana war über die Grenzen hinaus sehr bekannt, sogar die opern- und bühnenverwöhnten Wiener fanden den Weg hierher.

Nach den vielen Schicksalsschlägen der vergangenen Jahre erlebten wir nun gute Zeiten. Wir tauften unser Haus «Kultur- und Erholungszentrum Eva und Anna von Erdeschin», für uns war es einfach das «Zentrum». Unsere Initiativen fanden breite Anerkennung, was mich sehr freute und mir neue Kraft gab. Dennoch spürte ich mein Alter. Die Jahre vergingen und im Herbst 1976 feierte ich meinen achtzigsten Geburtstag. Meine Kräfte liessen nach, meine Assistentin Niobe zog eine jüngere Frau aus der Umgebung als Helferin bei.

Ich werde meine Überraschung nicht vergessen, als Jan kürzlich an meine Tür klopfte und ich sah, wer da vor mir stand: nicht mehr ein Schuljunge, sondern ein Mann von sechsundzwanzig Jahren!

Er begrüsste mich besonders höflich:

«Guten Tag, Frau Gräfin, meine Gnädigste», und weiter: «Ich würde mich sehr freuen, wenn Sie mit mir und meinem Kollegen am Muttertag im Trio spielen würden.»

«Mutig, mutig», dachte ich, konnte jedoch dem jungen Mann zu diesem Zeitpunkt noch keine definitive Antwort geben. Ich entliess ihn mit einem freundlichen Lächeln. Jan bedankte sich höflich und entschuldigte sich für die Störung, liess jedoch durchblicken, dass er doch fest damit rechnete, mit mir am Muttertag auftreten zu dürfen.

Am Abend desselben Tages erhielten wir unerwarteten Besuch aus Wien. Auch meine Kolleginnen und Kollegen, die hier mitarbeiteten, waren überrascht. Es war der Konzertmeister des Orchesters in Wien, mit dem ich etliche Jahre unterwegs gewesen war. Wir waren uns rasch einig, dass wir mit einem Kammerkonzert unsere alten Wiener Zeiten wieder aufleben lassen wollten.

Das Konzert fand am Muttertag in unserem örtlichen Musiksaal statt. Wir luden zusätzliche Musikerinnen und Musiker ein und unsere jungen Talente waren begeistert und dankbar. Am Muttertagskonzert trat ich ausserdem mit meiner Jungmannschaft auf, im letzten Teil des Programms. Es gelang sehr gut und man war zufrieden.

Eigentlich hätte ich jeden Tag mindestens zwei Stunden Geige üben sollen. Doch leider war das nur noch selten möglich. Mit der rechten Hand hatte ich nie Probleme, aber die linke machte mir Mühe. Ich beherrschte das Griffbrett nicht mehr mit der gewohnten Leichtigkeit, die Finger gingen nicht mehr genügend weit auseinander. Öffentlich war ich in letzter Zeit kaum noch aufgetreten, aber zu Hause gab ich unseren Schützlingen an kleinen Kammerkonzerten weiterhin den Ton an.

Ein Musikprofessor und Pädagoge aus Wien war kürzlich zu Besuch bei uns. Die knapp siebzehnjährige Maria beeindruckte uns mit ihrem Musizieren so sehr, dass der Wiener Professor sie ansprach:

«Maria, hätten Sie Freude, nach Wien zu kommen, zu studieren und eine Solistenkarriere anzufangen? Sie haben ausgezeichnete Voraussetzungen!»

«Gewiss würde ich das gerne tun, aber Musik studieren und in Wien leben ist viel zu teuer für meine Familie.»

Auf unsere Nachfrage erzählte Maria:

«Vor fast einem Jahr haben wir bei einem Unfall unseren Vater verloren. Wir sind sechs Kinder, unsere Mutter sorgt für uns, aber wir müssen mit wenig leben. An ein Studium in Wien darf ich deshalb nicht denken.»

«Doch, doch – Sie dürfen daran denken, wir finden eine Lösung. Die Gräfin von Erdeschin und die Stadt Wien übernehmen die Kosten, so wie sie dies schon bei anderen jungen Musiktalenten getan haben. Und einige dieser damaligen Talente spielen heute fast besser als ihre Lehrer», antwortete er.

Maria entschied sich schliesslich, das Angebot anzunehmen und nahm in Wien ihr Musikstudium in Angriff. Die Leute ihres Dorfs waren sehr stolz, dass ein Mädchen aus ihrer Mitte die Gelegenheit erhielt, Geigerin zu werden.

Das «Kultur- und Erholungszentrum» erlebte in den Siebzigerjahren im Gastland seine Blütezeit. Jedoch wurden mit den Jahren die Raumverhältnisse eng. So dachten wir an einen Umbau oder eine Erweiterung, denn in Slowenien waren Investitionen in Immobilien inzwischen stark erleichtert worden. Meine Mitstreiterinnen und Mitstreiter und ich, alle zwischen fünfundsiebzig und achtzig Jahre alt, versammelten uns und diskutierten über die Zukunft unseres Hauses.

Es wurden verschiedene Ideen vorgebracht, aber so richtig überzeugte mich keine. Persönlich hätte ich vielleicht andere Lösungen bevorzugt, behielt sie aber für mich, weil mir die Folgen noch nicht ganz klar waren. So liess ich mich dann doch vom Vorhaben einer Renovation und Erweiterung des Kulturzentrums überzeugen. Die erforderlichen Arbeiten wurden nun umgehend in Auftrag gegeben.

Wir, eine Gruppe von Musikerkolleginnen und -kollegen, hatten aber noch etwas ganz anderes vor: Wir planten eine gemeinsame Reise, eine Weltreise sogar. Wir wollten noch einmal in einige Zentren kulturellen Schaffens pilgern, wo einige von uns auch selbst gewirkt hatten. Es könnte angesichts unseres Alters das letzte Mal sein. Persönlich schaute ich aber optimistisch in die Zukunft.

Für unser Grüppchen von vierzehn Personen engagierten wir etliche Begleitpersonen. Es war zum Beispiel wichtig, Leute mit Sprachkenntnissen dabeizuhaben, damit wir uns an unseren Reisedestinationen gut bewegen konnten. Wir wollten in der warmen Jahreszeit unterwegs sein, daher sollte die Reise mit der südlichen Halbkugel starten; nach einer Rundreise wollten wir dann über die nördlichen Länder wieder zurückreisen. Das war unser Plan.

Mit meiner Vertrauten Niobe und ihrem Sohn Jan blieb ich in ständigem telefonischen Kontakt – und wo dies nicht möglich war, bestand wenigstens die Verbindung der guten Gedanken.

Schon in Genua gab es eine unangenehme Überraschung, als ein neunundsiebzigjähriger Kollege einen Zusammenbruch erlitt. Schon wollten wir ihn direkt nach Österreich zurückführen lassen, denn sein Zustand schien besorgniserregend. Eine Genueser Ärztin beschwichtigte uns jedoch und liess uns mit dem Patienten weiterreisen. Es sei ein Schwächeanfall, also nichts Ernstes. Derart ermutigt und mit frischem Elan flogen wir anderntags über Nairobi nach Kapstadt in Südafrika.

Es war vorgesehen, etwa drei Wochen in Kapstadt zu bleiben. Fast wäre es anders gekommen. Im dortigen Opernhaus war Verdis «Otello» im Programm. Seit Wochen und offenbar mit grossem Erfolg. Über unseren Agenten versuchten wir, noch Eintrittskarten zu erhalten und wir stiessen als passionierte europäische Operngänger auf wohlwollendes Entgegenkommen.

Sommer, Öl, 2016
100 × 100 cm

Die Vorstellung war an einem Dienstag und wir begaben uns alle zusammen ins Opernhaus, wo wir in der Person eines Südafrikaners den besten Otello der Welt erlebten. Ich hatte schon viele Aufführungen von Otello gesehen, aber so wie dieser dunkelhäutige Sänger an jenem Abend mit seiner voluminösen Stimme den Raum erfüllte – fantastisch.

Leider musste ich bei dieser Gelegenheit feststellen, dass meine Augen schlechter geworden waren. Bei schwacher Beleuchtung der Bühne sah ich von meinem Otello praktisch nur noch die schneeweissen Zähne und vernahm seine gewaltige Stimme.

Es faszinierte auch der Darsteller des Jago, der aus Belgrad stammte und als einer der Besten in Europa galt. In der Oper ist seine Rolle indessen undankbar; anders als in Otello hätte ich mich in ihn nicht unbedingt verlieben können. Ich sagte ihm dies augenzwinkernd, als wir nach der Vorstellung die Garderobe stürmten und auf Autogramme warteten. Der ganze Abend war für mich etwas vom Besten, das ich bisher gesehen hatte. Ein ganz grosses Erlebnis!

Wenn ich ehrlich sein wollte, musste ich zugeben, dass ich damals am liebsten auf die Weiterreise verzichtet hätte, mein Alter und vor allem die Schmerzen in meinen Knochen machten mir zu schaffen. Erholsamen Schlaf kannte ich schon lange nicht mehr. Aber der eigentliche Grund war: Ich war über beide Ohren in meinen Otello verliebt! In meinen schlaflosen Nächten grübelte und überlegte ich, wie ich meine Kolleginnen und Kollegen davon überzeugen konnte, unsere Weiterreise zu verzögern und etwas länger hierzubleiben.

Im Vertrauen erzählte ich meinem besten Kollegen von meinem Liebeskummer, was er natürlich umgehend mit einem skeptischen Blick erwiderte, der unter seinen dichten Augenbrauen hervorblitzte:

«Entschuldigung, liebe Anna, hast du Fieber? Bist du wirklich gesund? Ich sehe, wir müssen uns mehr um dich kümmern. Jedenfalls kommt es nicht infrage, dass wir länger hierbleiben, an so etwas darfst du gar nicht denken!»

Mit seinen klaren Worten hatte mein Kollege vollkommen recht, ich hatte mich in letzter Zeit wie ein Kind benommen. Manchmal musste ich selbst an meinem Verstand zweifeln. Doch war ich immerhin zu selbstständigem Denken noch in der Lage und so sagte ich meiner Seele:

«Ach, das hat doch alles keinen Sinn, es ist lächerlich!»

Vor unserer Weiterreise gingen wir alle zusammen noch einmal essen und anschliessend zum letzten Mal in die Oper, um so von Kapstadt Abschied zu nehmen. Die Stimmung war aber gedämpft. Einige von uns, die normalerweise Freude und Zuversicht versprühten, waren schlecht gelaunt. Die einen freuten sich nicht auf die lange Reise und die damit verbundenen Strapazen, während andere ungeduldig auf die Abreise warteten.

Die Atmosphäre liess eine turbulente Reise befürchten. In meinem Inneren war ich dennoch überzeugt, dass es uns eher zusammenschweissen würde, sollte auf der Reise etwas schiefgehen oder jemandem etwas Unangenehmes zustossen. Schliesslich überwog in der Gruppe wieder der Wunsch, das «Eis zu brechen». Das war auch notwendig, war doch unser Reiseziel nur mit grösstem Optimismus zu erreichen, wir alle waren alt und gebrechlich.

Zum Glück hatten wir eine ausgezeichnete Reiseleitung, der wir vertrauen konnten. Unsere Zwischenlandung in Karatschi war allerdings von Pech überschattet. Beim Umsteigen in ein anderes Flugzeug, das uns nach Los Angeles bringen sollte, stolperte ein Freund und verletzte sich am Arm. Unsere medizinische Begleiterin untersuchte die verletzte Stelle und kam zum Schluss, dass die linke Hand nicht gebrochen war und lediglich zwei Finger verstaucht waren.

«Gott sei Dank!», rief jemand und man war sich einig.

Man sah jetzt nur noch heitere Gesichter. Alle waren beruhigt darüber, dass wir unsere grosse Reise nach Amerika fortsetzen konnten. Für einige war es das erste Mal. Umso grösser waren deren Erwartungen und Wünsche, möglichst viel zu sehen und zu erleben und von den gewonnenen Eindrücken bereichert nach Europa zurückkehren zu können.

Für den Aufenthalt in Los Angeles war im Programm nur eine Woche vorgesehen. In dieser kurzen Zeit waren wir zu mehreren Empfängen eingeladen, die von der dortigen Musikhochschule zu unseren Ehren gegeben wurden. Und vor der Abreise durften wir noch Gäste einer namhaften jüdischen Organisation in Kalifornien sein. Diese gesellschaftlichen Pflichten, die wir gewiss wahrnehmen wollten, machten uns alte Leute müde. Wir waren deshalb froh, als alles vorüber war.

Innerlich war ich freudig und zugleich besorgt ob der Tatsache, dass wir bald nach San Diego weiterfliegen würden, wo ein längerer Aufenthalt vorgesehen war. Mit dieser Stadt im Süden Kaliforniens war ich eng verbunden, denn auf dem dortigen jüdischen Friedhof lagen mein Freund Victor von Scholl und seine Eltern begraben. Um die Reisefreude meiner Kolleginnen und Kollegen nicht zu trüben, behielt ich meine Gefühle allerdings für mich.

Im Hotel Esplanade, wo wir wohnten, trafen wir uns jeden Morgen beim Frühstück, bevor alle ihren eigenen Interessen nachgingen. Ob ich San Diego gut kenne, wurde ich gefragt.

So erfuhren meine Reisegefährtinnen und -gefährten von meiner Beziehung zu San Diego, von meinem langen Aufenthalt, während dessen ich meinen todkranken Victor gepflegt hatte. Sie verstanden, weshalb ich das Grab so regelmässig besuchte. Ich hätte genügend Zeit gehabt, auch Victors Freunde und Verwandte zu besuchen, aber leider waren nur noch wenige von ihnen am Leben. Getroffen habe ich mich schliesslich mit Victors Cousine Sarah, was in unseren Herzen eine unbeschreibliche Freude auslöste.

Wir trafen hier auch etliche Menschen, die zuvor schon zu Besuch bei uns im Kulturzentrum gewesen waren. Empfänge, Partys, Konzerte und so weiter – die kalifornische Gastfreundschaft und Grosszügigkeit beeindruckte uns.

Das halbe Jahr, das wir für die ganze Reise eingeplant hatten, war schnell vorbei. Wir realisierten, dass eine ursprünglich geplante Weiterreise nach Südamerika für uns alle zu anstrengend geworden wäre. Und so annullierten wir unsere Reservationen mit Ausnahme eines Flugs nach Feuerland mit einem privaten Unternehmen, der sich nicht stornieren liess. Wir mussten drei Viertel des Flugpreises bezahlen. Dies bereitete uns keine grossen Probleme, denn alles wurde von unserer Agentin abgewickelt. Und so fand die Reise nach Südamerika nur in unseren Köpfen statt. Für mich persönlich war dies keine Tragödie, aber ich hätte schon sehr gerne noch einmal Bogotá gesehen und Adieu gesagt.

Überall, wo wir auf unserer Reise hinkamen, war es Frühling oder Sommer. Für unsere betagte Gesellschaft war dies ein Geschenk. Ein halbes Jahr von zu Hause wegzubleiben ist eine lange Zeit. Ich freute mich wie ein Kind auf die Heimreise und auf die Menschen, die ich wieder in die Arme schliessen konnte.

Bei der Ankunft zu Hause staunten wir über die vielen Veränderungen. Es war in der Zeit unserer Abwesenheit mehr passiert, als es uns die telefonischen Kontakte während der Reise hatten erwarten lassen.

Die vor unserem Abflug begonnenen Umbauarbeiten am Kulturzentrum waren weitgehend abgeschlossen, sodass unser Haus für die Sommersaison in neuem Glanz erscheinen konnte. Jan und seine Mutter Niobe hatten die Fäden in der Hand behalten und unsere Pläne umgesetzt. Jan erwies sich immer mehr als Organisationstalent, als eine treibende Kraft des Zentrums und seiner Programme.

Einige von uns sowie Gäste, die um diese Zeit bei uns weilten, wollten eine grosse Party feiern und trafen die organisatorischen Vorbereitungen dazu. Die Party dauerte bis in die Morgenstunden. Gefeiert wurde unsere Heimkehr, aber auch das neue Erscheinungsbild des Zentrums und Stiftungsgebäudes nach seiner Renovation.

Ein Gedanke beschäftigte mich zunehmend: Wer würde unser «Imperium» übernehmen, wenn ich nicht mehr könnte? Ich dachte dabei weniger an eine glanzvolle Verabschiedung. Die Ansprüche, selbst die Anerkennung von allen Seiten und die öffentlichen Auftritte machten mich müde. Wie in meinen jungen Jahren sehnte ich mich auch jetzt als alter, gebrechlicher Mensch vor allem nach Liebe, Ruhe und Geborgenheit. Solche Werte blieben im Wettlauf um Anerkennung und gesellschaftliche Stellung oft auf der Strecke – gerade dann, wenn man sie am meisten bräuchte.

Es war das Jahr 1980. Die Vorbereitungen zur Konzertsaison 1981/1982 liefen bereits auf vollen Touren. Zu dieser Zeit musste die Bevölkerung unseres Gastlands Slowenien und ganz Jugoslawiens einen grossen Verlust hinnehmen. Ganz in unserer Nähe, in Ljubljana, war er noch in einer Klinik behandelt worden, doch auch die besten Ärzte hatten ihm nicht mehr helfen können. Der weltweit geachtete Präsident Jugoslawiens starb und hinterliess eine grosse Lücke.

Was bedeutete dies für unser Kulturzentrum, würde es nun zu grossen Veränderungen kommen? Wir ahnten, dass wir uns in dem entstandenen politischen Vakuum neu orientieren mussten. Eigentlich waren für unsere Stiftung und ihren Kulturauftrag keine ernsthaften Probleme zu erwarten, war sie doch längst international bekannt. Unsere Leistungen sollten allen Menschen zugutekommen, einerlei, ob arm oder reich, im In- oder Ausland. Wir hatten immer gut mit den Behörden unseres Gastlands zusammengearbeitet und hofften, dies auch weiterhin so halten zu können. Man schätzte unsere Tätigkeit und die Gegend konnte davon profitieren. Also sollte nichts Schlimmes kommen.

Dennoch war es der richtige Zeitpunkt, den Stiftungsrat einzuberufen. Fragen der Ausrichtung und der Zusammensetzung im Stiftungsrat standen auf der Agenda. Einige Stiftungsratsmitglieder mussten anreisen, andere waren schon da.

Eine sehr späte Hochzeit

*Eine unerwartete Verlobung. Niobes Geschichte in Zeiten
des Kriegs und der Verfolgung. Annas Leiden im hohen Alter.
Der Jugoslawienkrieg beschädigt das Kulturzentrum.
Der Kreis des Schicksals schliesst sich.*

An dieser Sitzung waren schon fast alle anwesend, Jan fehlte noch. Niobe, seine Mutter und meine Vertraute, beruhigte uns, es sei vielleicht etwas dazwischengekommen, Jan sei ja im eigenen Wagen von Graz unterwegs. Manchmal gab es sehr lange Wartezeiten an der Grenze, was die Nerven der Reisenden ebenso strapazieren konnte wie jene der auf sie Wartenden.

Jan traf dann doch noch ein. Unsere Sitzung, die über wichtige Fragen der Stiftung entscheiden sollte, konnte beginnen. Die Sitzung dauerte den ganzen Vormittag und bis in den späten Nachmittag hinein. Dabei wurden Weichen für die Zukunft gestellt. Die Sitzung endete mit einer unerwarteten Ankündigung von Jan. Ich war überzeugt, dass diese allen Anwesenden in Erinnerung bleiben würde.

Jans Ankündigung betraf die Beziehung zwischen ihm und mir. Er erklärte, dass er mich von der ersten Stunde an geliebt hat und fuhr fort:

«Die Liebe zu Anna von Erdeschin war mir wichtiger als meine eigene Laufbahn als Geiger. Ich bin in Graz geblieben, damit ich in der Nähe von Anna sein konnte. Schon einige Jahre lang denke ich darüber nach, wie ich Anna helfen könnte, weil ihr – und mir natürlich genauso – die Zukunft und der Fortbestand des Musik- und Kulturzentrums sehr am Herzen liegen. Ich möchte mit Anna zusammenbleiben, die gemeinsame Zukunft gestalten und so auch jene des Zentrums sichern.»

Als ich dies hörte, spürte ich Erleichterung in meiner Seele, aber auch Sorge darüber, wie die Öffentlichkeit reagieren würde. Im Sitzungssaal herrschte für ein paar Sekunden absolute Ruhe, dann folgte grosser, anhaltender Applaus. Ich trat zu Jan und umarmte ihn. Wir waren glücklich. Niobe weinte und wischte mit einem Taschentuch ihre Tränen weg.

Frühlingszauber, Öl, 2014
30 × 30 cm

Unsere Verlobung war damit vollzogen, doch wir lebten nicht anders als vorher. In unseren Büros wurde sehr viel gearbeitet. Die Lichter brannten oft bis in die frühen Morgenstunden. Einige Freunde im In- und Ausland waren entsetzt über unsere Verbindung. Andere waren zufrieden und hielten unsere Pläne für eine kluge Überlegung im Interesse der Stiftung. Und wieder andere berührte es, dass sich zwei Gleichgesinnte fürs Leben zusammengefunden hatten.

Es brauchte viele Vorbereitungen, damit die vorgesehene Übergabe der Leitung des Kulturzentrums auf Jan ohne Hindernisse über die Bühne gehen konnte. Wir konsultierten unsere Anwälte und suchten mit ihnen die praktikabelste Variante für den Zentrumsbetrieb und die Stiftung.

Dann beschlossen wir, abermals ohne unseren Freundeskreis vorzuwarnen, zu heiraten. Es war mein Vorschlag und Jan war sehr dafür, auch aus rechtlichen Gründen, weil so die Nachfolge definitiv geregelt wurde und das Stiftungskapital zusammenblieb. Eine Heirat mit dem Sohn meiner Freundin, das hätte ich mir nie träumen lassen. Jan vielleicht schon. Er lebte weiterhin in Graz und blieb in unserer Nähe. Er kümmerte sich mehr oder weniger um alles, als ob es ihm schon gehören würde. Ich war sehr froh, dass alles so kam, denn als neunundachtzigjährige Frau hatte ich nicht mehr lange zu leben und unsere Stiftung «Eva und Anna von Erdeschin» durfte so einer gesicherten Zukunft entgegensehen.

Am selben Ort, an dem wir uns verlobt hatten, im Sitzungssaal des Hauses, gaben wir uns das Jawort. Der Standesbeamte erklärte uns zu Mann und Frau. Wir durften uns küssen, und weil ich in meiner rechten Hand meinen Stock hielt, streckte ich Jan meine linke hin, was jedoch seinen Erwartungen nicht ganz entsprach. Ohne Umschweife half er mir, den Stock in die andere Hand zu nehmen und sagte:

«Du bist jetzt meine Frau, hast mich geheiratet und meinen orthodoxen Glauben akzeptiert. Der Ehering gehört an die rechte Hand.»

Ich schaute in seine grünen Augen, die mit kräftigen und wohlgeformten Augenbrauen umrahmt waren, und gab meinem frischgebackenen Ehemann einen Kuss auf die Stirn. Und nochmals einen.

Ich konnte mich nun als Teil einer ehelichen Gemeinschaft verstehen und musste die Verantwortung für das Zentrum nicht mehr allein tragen. Während sich viele andere Leute fast ebenso zufrieden zeigten, vernahm ich doch auch eine niederschmetternde Stimme, deren Ursprung ich nie genau ausmachen konnte. War es vielleicht eine Einbildung, die sich aus meiner Fantasie nährte? So oder so – die Stimme sagte:

«Unsere Anna ist noch eine schöne Frau, aber leider könnte ihr Mann vom Alter her ihr Enkel sein.»

Hatte ich einmal mehr gegen Regeln verstossen, hatte ich abermals die Erwartungen meines Umfelds enttäuscht? Keineswegs. In meiner Ehe mit Jan blieb ich meinen Prinzipien treu und machte mir meine eigenen Überlegungen zum richtigen Gang der Dinge. Wir brauchten viel Zeit, um alles zu regeln. Die vielen Sitzungen und Empfänge ermüdeten mich manchmal so sehr, dass ich meine Schwiegermutter Niobe bat, mich an Anlässen zu vertreten.

Hier beende ich die Erzählung meiner Lebensgeschichte. Mir, Anna von Erdeschin, fehlt beim besten Willen die Kraft, die letzte Phase meines Lebens zu beschreiben, auch mein Denkvermögen lässt nach. Also ziehe ich mich zurück und übergebe nun an jene Person, die mein ganzes Leben überblickt, an die Erzählerin Anuška Götz.

Die letzte Lebensphase von Anna verlief nicht so ruhig wie von ihr erhofft. Die Gründe dafür lagen weit in der Vergangenheit. Die engsten Vertrauten Annas, Jan und Niobe, waren vor mehr als einem Jahrzehnt in ihr Leben getreten, ohne dass die drei gewusst oder auch nur geahnt hätten, dass zwischen ihren Lebenswegen eine weit zurückliegende Verbindung bestand. Blicken wir zurück in die Zwischenkriegsjahre, um zu verstehen, was Anna am Ende ihres Lebens beschäftigen sollte.

Als der junge orthodoxe Priester Pavle Lazar aus dem serbischen Novi Sad nach dem Ersten Weltkrieg in die Fremde zog, war für ihn die Welt noch in Ordnung. Er beherrschte die Sprache seines Ziellandes Österreich sehr gut. Zweimal war er Gast in diesem Land gewesen und jedes Mal wieder in seine Heimat zurückgekehrt. Bei seinem dritten Aufenthalt in Österreich jedoch fuhr er nicht mehr zurück und blieb wegen seiner grossen Liebe, Erna. Sie war die Tochter des damaligen Bürgermeisters eines kleinen Städtchens im Süden des Landes.

«Erna, willst du meine Frau werden? Ich möchte dich heiraten und mit dir eine Familie gründen», sagte Pavle eines Tages mit der ganzen Zuversicht, die ihm eigen war.

Pavle Lazar wurde Priester in einer kleinen serbisch-orthodoxen Gemeinde und heiratete Erna, die Frau seines Herzens. 1931 kam der erste Sohn zur Welt und 1933 bereits der zweite. Die vierköpfige Familie lebte in Österreich in guten Verhältnissen. In seiner neuen Heimat wurde der intellektuelle Geistliche hochgeschätzt und man begegnete ihm mit Respekt. Bis eines Tages, es war im Jahr 1938, in der Tagespresse ein Artikel von Pavle Lazar erschien, der aus Sicht der staatlichen Presseaufsicht österreichfeindlich und somit nicht tolerierbar war.

Pavle Lazar wurde in seiner Stadt zur Persona non grata und verlor bald darauf seine Stelle als Geistlicher. Die öffentliche Ausübung des orthodoxen Glaubens war sowieso nicht mehr gern gesehen, die Gläubigen wurden von neuen Machthabern schikaniert und flüchteten in alle Himmelsrichtungen Europas. Dank der Unterstützung seiner Frau Erna konnte Pavle Lazar vorerst als Historiker arbeiten und so während der düsteren Jahre seine Familie über Wasser halten.

Als Intellektueller war Pavle Lazar gewohnt, auch in seiner Wahlheimat den Gang der Politik zu beobachten und zu kommentieren. Er verurteilte den Einmarsch der Nazis in Österreich scharf. Obschon es vereinzelt auch Widerstand gab, war Österreich seiner Meinung nach eine viel zu leichte Beute gewesen, Teile der Bevölkerung hatte die neuen Machthaber anfänglich sogar begrüsst. In jener Zeit publizierte Pavle seine Texte in einigen Zeitungen Niederösterreichs. Wenig blieb von seiner scharfen Feder verschont. Bald legte er sich mit den Behörden an, die kurzen Prozess machten und ihn ins Gefängnis steckten. Selbst dort machte er unverzagt weiter. Seine Stimme verstummte nicht, er wurde für die Machthaber gefährlich.

Nach seiner Entlassung blieb er arbeitslos. Er wurde überwacht und bespitzelt und bei jeder Gelegenheit belästigt. In Ungnade fiel auch seine ganze Familie. Die Behörden wollte die beiden Söhne aus der Familie entfernen und zur Umerziehung in ein Lager für Jugendliche einweisen. Nur die Intervention des Grossvaters, des einstigen Bürgermeisters des Orts, konnte dies verhindern. Die Lazar-Söhne blieben bei den Eltern.

Nun hätte Ruhe einkehren sollen in der Familie Lazar. Doch Pavle wirkte weiter, er beschwerte sich bei den Behörden und schrieb Artikel. Einer seiner Zeitungsbeiträge war nicht nur nicht regierungskonform, er trug revolutionäre Züge. Eines Morgens in der Frühe klopften Soldaten an die Haustür und befahlen mit lauter Stimme:

«Mitkommen, Pavle Lazar, die Familie kommt später nach!»

Für Lazars Söhne war die Situation unerträglich geworden. Auf dem Schulweg fühlten sie sich nicht mehr sicher, sie wurden von anderen Kindern belästigt und verhöhnt, sogar von den Nachbarskindern. Es war die Hölle für die ganze Familie.

Pavle Lazar wurde der Prozess gemacht. Er wurde zu drei Jahren Arbeitslager verurteilt. Als es so weit war, dass Pavle ins Lager einrücken musste, herrschten bei seiner Familie und auch bei seinen Schwiegereltern Angst und Entsetzen. Erna versuchte, über Beziehungen ihres Vaters ihren Mann vor dem Arbeitslager zu bewahren. Wie viele andere wusste auch sie, dass, wenn Pavle den Zug bestieg, sie ihn nie mehr sehen würde.

Die Anstrengungen waren umsonst. Die verurteilten Personen mussten sich eines Tages am Hauptbahnhof einfinden. An diesem Tag, es war ein kalter Novembermorgen, sollte ein Zug Juden, Roma, Kommunisten, Antifaschisten und andere Unerwünschte in Richtung Norden in ein Lager bringen. Am Bahnhof spielten sich grausame Szenen ab. Bis an die Zähne bewaffnete Ordnungshüter trieben die Menschen wie Tiere vor sich her. Vor lauter Tränen, Rufen, Kindergeschrei und Verzweiflung gerieten die Menschen bald ans Ende ihrer Kräfte. Am Bahnhof war ein einziges riesiges Chaos. Alles musste schnell gehen und es wurden ganze Familien auseinandergerissen. Die Uniformierten brüllten ohne Erbarmen:

«Nicht links und nicht rechts und nicht rückwärts schauen. Vorwärts zum Zug!»

Mit schnellen Schritten und unter heftigen Schlägen mit ihren Gewehrkolben trieben sie die verzweifelten Menschen ins Ungewisse. Der Schicksalszug stand auf einem Nebengleis und war im Nebel nur schwer zu erkennen. Der Zug war längst voll und trotzdem wurden immer mehr Menschen hineingedrängt.

Familie Lazar hatte sich gerade noch von Pavle verabschieden können. Sein Schwiegervater hatten ihm versprochen, für Erna und die beiden Kinder zu sorgen und auf sie aufzupassen. Langsam wurde es etwas heller an diesem Morgen. Fast alle zur Deportation verurteilten Menschen waren bereits in den Zug gepfercht worden.

Durch den Nebel hörte man verzweifelte Bitten um Gnade und Rufe nach den Zurückgebliebenen. Der Zug fuhr langsam an, hinein in den Herbstnebel. Im Kreischen der Räder auf den Gleisen und im Lärm der davonrollenden Züge verloren sich die verzweifelten Rufe der Menschen. Die selbst untröstliche Erna Lazar tröstete ihre Kinder.

Die Kinder, Öl, 2015
30 × 30 cm

Und plötzlich sah Erna ein kleines Mädchen, das weinend umherirrte und nach seiner Mama rief. Mit ausgestreckter Hand rannte das Mädchen über die Gleise. Erna lief dem Mädchen entgegen. Leise und mit nur schwer verständlicher Stimme sagte das Mädchen:

«Meine Eltern mussten ganz schnell auf den Zug und ich konnte nicht so schnell gehen. Sie sind ohne mich abgereist, wir sind getrennt worden.»

Auf die Frage nach Namen und Alter reagierte das Mädchen nicht. Es war traumatisiert und nicht fähig zu sprechen. Es suchte nur noch Schutz und war froh, diesen bei Erna zu finden.

Auf der Heimfahrt fragte einer der Buben noch einmal nach ihrem Namen und erhielt überraschend eine klare Antwort:

«Doch, jetzt weiss ich es wieder. Ich heisse Niobe und bin neun Jahre alt.»

Weitere Fragen beantwortete sie wiederum mit einem tiefen Schweigen.

Bald wurden die Lazars gezwungen, ihren Wohnort zu verlassen, wo man so lange gelebt und gearbeitet hatte. Das Leben wurde unerträglich. Ernas Eltern boten ihnen eine Bleibe in ihrem Haus an, was Erna dankbar annahm. So zog sie mit ihren drei Kindern zu ihren Eltern, an einen Ort, der weiter nördlich lag.

Von Pavle hatte Erna noch keine Nachricht und auch von den Behörden war keinerlei Auskunft zu bekommen. In der ganzen Familie herrschte Besorgnis um den Vater.

Die kleine Niobe sprach kaum ein Wort. Sie schaute immerzu geradeaus, wie in ein schwarzes Loch. Von ihrem bisherigen Leben mit ihren Eltern erzählte sie nichts. Oft war Niobe traurig und deprimiert. Wenn sie am Morgen in eine provisorische Schule ging, musste sie ihre verweinten Augen irgendwie verdecken, um die vielen Fragen zu vermeiden, auf die sie keine Antworten wusste.

Um etwas Licht in die Geschichte zu bringen, wandte sich Erna Lazar an eine Schulkameradin ihrer Mutter, eine erfahrene Erzieherin. Diese empfahl, abzuwarten und Niobe nicht mit vielen Fragen zu belasten. Sie würde eines Tages von sich aus von ihrer Herkunftsfamilie erzählen.

Da über Niobes Herkunft fast nichts bekannt war, wurde die von Erna ins Auge gefasste Adoption schwierig. Daran änderte sich vorerst nichts, trotz aller Bemühungen von Erna. Sie behandelte Niobe als eigenes Kind und schenkte ihr Liebe und Zuneigung.

Die Erzieherin vermutete, dass es Niobe schon als Kleinkind verboten worden war, über ihre Familie zu reden. Und jetzt, in diesen schweren, traurigen Zeiten, hielt sie sich streng daran, um ihre Eltern und vielleicht auch sich selbst nicht in Gefahr zu bringen. Im Übrigen war Niobe jedoch liebenswürdig und intelligent. Erna und ihre Söhne hatten sie lieb gewonnen und Ernas Eltern bemühten sich nach Kräften, dem Waisenkind im Chaos des Kriegs eine Zukunft zu ermöglichen.

Auf die vielen Fragen, die ihr das Adoptionsgericht zu ihrer Familie und Herkunft stellte, antwortete Niobe ganz kurz, wie in einem Anflug von Wut und Verzweiflung:

«Ich habe keine Ahnung.»

Und rannte davon, um sich weinend in einer Ecke zu verkriechen. Nach langem Hin und Her konnte Erna das elfjährige Mädchen dann doch noch adoptieren und die Lazar-Söhne Boris und Sascha bekamen eine Schwester Niobe.

Dass Pavle Lazar im Arbeitslager an einer Lungenentzündung gestorben sei, wie gerüchteweise zu erfahren war, wurde von den Behörden nie bestätigt, auch nicht nach Ende des Kriegs. Sein Grab lag vermutlich irgendwo an der Grenze zur Tschechoslowakei, kein Mensch kannte den genauen Ort. Die Familie wartete und hoffte, dass sie sich eines Tages richtig von ihrem Verstorbenen verabschieden könnte.

Erna Lazar war nun also Mutter dreier Kinder, mitten im Krieg war eines dazugekommen. In der Erziehung vermied sie Bevorzugungen, sie machte keine Unterschiede und jedes Kind genoss die bestmögliche Schulbildung gemäss seinen Möglichkeiten.

Österreichs Nachkriegsregierungen distanzierten sich von den Nazis und vom Faschismus. Man bemühte sich um den Wiederaufbau der Wirtschaft und die Wiedereinführung eines Rechtsstaats. Erna, die tapfere Mutter von drei beinahe erwachsenen Kindern, dachte manchmal:

«Die Schicksalsschläge, die wir alle erfahren mussten, waren nicht umsonst, denn der Faschismus ist zerschlagen worden.»

Dieser Gedanke brachte ihr ein wenig Trost, wenn sie an ihren Mann dachte. Erfüllt von seinem tiefen Wunsch nach Aufklärung und Wahrheit hatte Pavle Lazar mit allen Kräften gegen den Faschismus gekämpft und – wie so viele andere – sein Leben geopfert.

Sein Sohn Boris studierte Medizin. Schon mit sechsundzwanzig Jahren machte er seinen Doktortitel an der Universität Wien. Niobe entwickelte sich zu einem sehr hübschen Mädchen. Ihre pechschwarzen Haare flocht sie zu einem prächtigen Zopf, den sie stets über ihre linke Schulter nach vorn fallen liess. Ihre etwas traurig wirkenden Augen hatten etwas sehr Gewinnendes.

Ernas drei Kinder wuchsen als Geschwister auf. Dennoch kamen Niobe und Boris zusammen. Niemand konnte dies dem jungen Paar verwehren, das Recht war auf ihrer Seite; sie wussten, dass sie nicht verwandt waren. Niobe hatte gerade ihre Matura gemacht und wollte nun die englische Sprache studieren und Lehrerin werden. Boris war sehr fleissig und legte seine Medizinprüfungen eine nach der anderen ab. Er war stolz auf sein gutes Resultat und ebenso war es seine Familie.

Eines Tages teilte Niobe ihrem Geliebten mit, dass sie schwanger war. Für das junge Paar war dies ein Schock, es durchkreuzte all ihre Pläne. Für Erna hingegen war klar, dass nun alles gut überlegt und geplant werden musste.

Unmittelbar nach Niobes Ankündigung setzten sich alle zu einer Beratung zusammen. Alle freuten sich auf den kommenden Nachwuchs. Von Heirat war noch nicht die Rede. Boris sollte zuerst sein Studium zu Ende bringen.

Niobe brachte einen Jungen zur Welt. Er wurde auf den Namen Jan getauft. Die Freude erhielt einen ersten Dämpfer, denn die Eltern waren von ihrer neuen Rolle überfordert und nahmen ihre Verpflichtungen nur teilweise wahr. Und so war es wieder einmal Erna, die sich des Kindes annahm. Sie unternahm alles, damit die jungen Eltern ihre Ausbildung fortsetzen konnten.

Es kam der Tag, als Boris Lazar sein Studium als Arzt abschloss, sein Zuhause verliess und sich als Arzt dem Internationalen Roten Kreuz anschloss. Niobe hingegen blieb nach Abschluss ihres Sprachstudiums in Wien, sie wollte sich ihrem Kind widmen. Boris' lange Abwesenheit machte ihr zu schaffen. Wenn sie nach ihrer Liebe zu ihrem Sohn gefragt wurde, antwortete sie sehr überlegt, fast vorsichtig:

«Er braucht mich. Die Liebe kommt vielleicht mit der Zeit, aber ich bin glücklich, meinen Sohn Jan zu haben.»

Wie es in ihrem Herzen aussah, wusste nur sie allein. Mit der grossen Unterstützung von Erna und ihren Eltern und auch von Freunden gelang es denn auch, für das aufwachsende Kind die notwendige Geborgenheit zu schaffen.

Nach längerer Zeit traf wieder einmal ein Brief von Boris aus dem östlichen Pakistan ein.

«Hier gibt es sehr viel zu tun, vor allem wegen der schnell sich ausbreitenden Lepra. Hier werden wir wirklich gebraucht, sodass ich für einige Zeit keine Reise nach Europa planen kann. Ich liebe Euch alle und dem kleinen Janko schicke ich einen Kuss.»

Boris Lazar liebte seinen Sohn und dieser liebte seinen Vater. Aber die Besuche waren wegen der Auslandseinsätze des Vaters immer seltener geworden. Jan wuchs während der Schulzeit grösstenteils bei Erna auf. Später zog er zu seiner Mutter Niobe nach Wien, wo er die Musikschule besuchte. Als sehr talentierter Jugendlicher wurde er dort frühzeitig ins Konservatorium aufgenommen.

Es war in jener Zeit, als die bekannte Geigerin Anna von Erdeschin in Slowenien ein Kultur- und Erholungszentrum für musikalisch talentierte Kinder und Jugendliche aufbaute. Der Zufall wollte es, dass Bekannte von Anna die gut ausgebildete und überdies tüchtige Niobe Lazar kennenlernten und sie Anna weiterempfahlen, da sie wussten, dass Anna mit ihrem zunehmenden Alter im Kulturzentrum Unterstützung brauchen konnte. Niobe trat sehr gern in ihre Dienste ein. Zwischen den beiden Frauen entwickelte sich bald ein freundschaftliches Verhältnis, aufgebaut auf gegenseitigem Vertrauen und Loyalität.

Für Niobes Sohn Jan, dessen musikalisches Talent unbestritten war, wurde die Geigerin Anna von Erdeschin zum Vorbild, dem er nacheiferte. Er suchte ihre Nähe und hielt sich in Graz nahe der slowenischen Grenze auf, um ihr jederzeit behilflich sein zu können. Im Kulturzentrum fanden regelmässig weiterum beachtete Konzerte mit bekannten Musikerinnen und Musikern statt.

Jan wirkte in zunehmendem Masse bei der Organisation der grossen Anlässe mit und war bald eine unverzichtbare Stütze im Betrieb des Zentrums.

Aus Liebe, aus Hochachtung und vielleicht ein Stück weit auch aus persönlichem Ehrgeiz – dies muss hier offenbleiben – heiratete Jan Lazar die vierundfünfzig Jahre ältere Grafentochter und Musikerin Anna von Erdeschin. Im Stiftungsrat des Zentrums «Eva und Anna von Erdeschin» übernahm Jan bald das Amt des Vizepräsidenten. Er kümmerte sich um das Wohlergehen des Hauses. Das erste Anliegen und Projekt von Jan Lazar war ein grösserer Konzertsaal, der realisiert und vor Kurzem festlich eingeweiht wurde. So konnten auch grössere Orchester aus Europa und Amerika im Zentrum auftreten und es fanden weiterhin Musikwettbewerbe im Haus statt.

Nach der ungewöhnlichen Heirat waren zwar einige Freunde des Hauses auf Distanz zur Stiftung gegangen. Das Zentrum führte seine Aktivitäten jedoch weiter und konnte seinen guten internationalen Ruf erhalten. Anna war zufrieden in ihrer Rolle als erfahrene ältere Beraterin in geschäftlichen und musikalischen

Teilen, Öl, 2017
70 × 70 cm

Belangen. Doch es wurde für sie immer mühsamer und abends liess sie ihren kranken Rücken von Niobe behandeln.

Anna und Jan lebten ihre Ehe nicht in enger Zweierbeziehung, aber ihre gegenseitige Zuneigung entging auch Aussenstehenden nicht. Beide pflegten einen engen und ehrlichen Austausch, aus dem viele neue Ideen für kulturelle Aktivitäten entstanden, und dies konnte für die im Zentrum geförderten Jungtalente ein ermutigendes Vorbild, eine wirkliche Stütze sein.

Jans Mutter Niobe hatte die ganzen Jahre über ihre Herkunft und Vergangenheit nie ausführlich gesprochen. Jan spürte zunehmend den Wunsch, etwas über seine leiblichen Grosseltern mütterlicherseits zu erfahren. Er stellte Nachforschungen an, was jedoch nicht einfach war. Mehrmals hatte er damit angefangen und es wieder aufgegeben, denn seine täglichen Aufgaben im Zentrum waren ihm dann doch wichtiger als die Erforschung seiner Herkunft. Die Idee liess ihn jedoch nicht mehr los und packte ihn immer wieder, besonders im Herbst, wenn seine Mutter depressiv wurde.

Für sie waren Herbst und Winter stets eine sehr schwierige Zeit, in der sie sich an ihre Kindheit erinnerte, besonders an das Chaos auf dem Bahnhof, an die Trennung von ihren Eltern, an die eigene Verzweiflung und an die Zuflucht in den Armen von Erna Lazar.

Jahre waren vergangen, seit Anna letztmals im Ausland gewesen war. Ihre Freunde konnte sie nicht mehr besuchen, sie konnte sie nur noch bei sich zu Hause empfangen. Eine Beinverletzung aus ihrer Jugendzeit machte sich jetzt im hohen Alter wieder bemerkbar. So wurde Anna immer öfter von ihren Bediensteten im Rollstuhl spazieren gefahren. Das Verhältnis zwischen Anna und Niobe, von der ersten Stunde an von Zuneigung und Respekt geprägt, blieb eng. Die Gespräche zwischen den beiden Frauen wurden nun jedoch seltener und sie drehten sich vor allem um Annas Gesundheit und das Wohlergehen des Kulturzentrums.

Zu dieser Zeit wurde die politische Lage in Slowenien und den umliegenden Teilrepubliken Jugoslawiens instabil. Die internationale Ausstrahlung des Kulturzentrums litt darunter. Musiker und Musikpädagoginnen kamen seltener und blieben langsam aus. Fünfunddreissig Angestellte, Niobe, Jan und Anna bemühten sich nach Kräften, die Anziehungskraft des Zentrums zu erhalten – doch mit abnehmendem Erfolg, was sich in den Anmeldungen zu den Veranstaltungen niederschlug. Auch der Charme der betagten Gründerin half nicht viel. Die Auslandsgäste hatten Bedenken und blieben fern.

Es verbreitete sich Unruhe im jugoslawischen Vielvölkerstaat, dem es bis dahin doch noch recht gut gegangen war. Vielen war dies jedoch nicht genug und nationalistische Hitzköpfe strebten nach mehr Macht und Einfluss. Der funktionierende Staat drohte zu zerbrechen, auch unter dem Druck ausländischer Einflussnahme.

In dieser Situation rief der Stiftungsrat zu einer Versammlung aller Angestellten und auch der Gäste, die sich gerade im Zentrum befanden. Der Anlass wurde eröffnet von der mutigen alten Dame, die mit den Worten begann:

«Ich persönlich bin eine Optimistin, aber es ist nicht völlig ausgeschlossen, dass es in unserem Gastland zu gewalttätigen Auseinandersetzungen kommt. Wir wollen auf jeden Fall dieser Alpenregion dankbar sein für die langjährige Gastfreundschaft. Die aktuelle Lage dürfen wir aber auch nicht schönreden, wir überlegen vielmehr frühzeitig, wie wir unser Werk retten können. Offen und ehrlich sprach vor Jahrzehnten mein Vater, Graf Franz von Erdeschin, als das Schloss gefährdet war. Genauso wie mein Vater damals möchte ich es heute halten. Wir müssen den Tatsachen ins Auge blicken.»

Anna sprach in ihrem Rollstuhl, ihr Auftreten war selbstsicher und unerschrocken. Am Schluss sagte sie mit energischer Stimme: «Ich bin überzeugt, dass Gott uns hilft, unser humanes Werk weiterzuführen.» Die tapfere Gründerin der Institution erntete minutenlangen Applaus.

Indessen machte sich eine gewisse Angst breit. Jan reiste mehrfach nach Graz, Salzburg und Wien. Er wollte Vorkehrungen treffen für den Fall, dass eine Verlegung des Zentrums notwendig würde. Vielleicht wollte er auch die ausgebliebenen Gäste überzeugen, dass hier in Slowenien nichts Schlimmes passieren konnte. Anders als damals in den Kriegszeiten konnte man jetzt notfalls auch auf die Unterstützung des modernen österreichischen Staats zählen.

Kurz nachdem die alte Dame im Herbst ihren Geburtstag gefeiert hatte, erkältete sie sich und bekam hohes Fieber. Dies und ihr allgemeiner gesundheitlicher Zustand beunruhigten nicht nur Niobe und Jan, sondern auch ihre Freunde. Aus der Heimat und dem Ausland wünschten sie ihr gute Pflege und baldige Genesung. Und so schien es Anna an nichts zu mangeln und sie konnte sich gut erholen. Sie war aber vermehrt schlechter Laune und ihr gewohntes Lächeln war aus ihrem Gesicht verschwunden. Das war ungewohnt bei ihr. Offenbar musste sie seelisch leiden, sie hatte Angstzustände und böse Träume. Dies alles kam unvermittelt. Vor lauter Weinen, Schreien und Fluchen konnte man ihre Worte oft kaum verstehen.

«Wo sind sie, die Freunde, haben sie mich verlassen? Haben sie unsere Idee vergessen, mit unserem Musikzentrum die Kunst und Kultur in unserer Welt zu unterstützen? Warum sind sie weggeblieben? Sie sollen herkommen, sonst verdamme ich sie alle!»

Als Niobe mit zwei anderen Frauen Annas Wohnung betrat, fanden sie die alte Dame in besorgniserregendem Zustand. Sie bemerkte nicht, dass jemand bei ihr war. Die Patientin schrie mit langsam ermüdender Stimme und die Frauen organisierten Hilfe.

Der Ortsarzt war bald zur Stelle. Nach gründlicher Untersuchung konnte er die Patientin beruhigen, ordnete jedoch eine unverzügliche Hospitalisierung an. Auf die erste Frage des Arztes, wo sie jetzt gerade sei, ob in Ljubljana oder in Graz, hatte sie keine Antwort gegeben. Vielleicht hatte sie die Frage auch nicht verstanden. Aber auf die zweite Frage antwortete Anna:

«In einem guten Wiener Krankenhaus würde ich schneller gesund werden. Vielleicht kann ich in das Krankenhaus gehen, in dem ich als junge Frau mit einem Beinbruch hospitalisiert gewesen bin?»

Ihr Unfall von damals und ihr gegenwärtiger Zustand waren natürlich nicht zu vergleichen, das war allen klar. Dennoch leitete Niobe rasch alles Notwendige in die Wege, damit Anna in Begleitung von Jan und zwei weiteren Damen des Hauses unverzüglich nach Wien transportiert werden konnte. Man vereinbarte, dass Jan, sobald Anna in Wien in guter Obhut war, umgehend zurückkehren würde, da die politische Lage in Slowenien äusserst unsicher war, insbesondere auch für ausländische Gäste.

Ein Blick in die Weltgeschichte zeigt, dass jede Epoche Menschen hervorbringt, die als Genie gelten oder sich für ein solches halten. Ein Genie im positiven Sinne hatte die Welt verändert, indem es einen zusammengewürfelten Vielvölkerstaat während vieler Jahre mit grossem Erfolg zusammenhielt und wesentliche Fortschritte erreichte.

Aber nationalistische Hitzköpfe in Belgrad, Zagreb und anderswo trieben mit aller Entschlossenheit den Zusammenbruch dieses Vielvölkerstaats voran und der nachfolgende Bürgerkrieg warf diesen Teil Europas um fünfzig Jahre zurück.

Die Brücke, Öl, 1997
50 × 70 cm

Anfang der Neunzigerjahre erklärte die Teilrepublik Slowenien ihre Unabhängigkeit und löste sich aus dem jugoslawischen Staatenverbund. Die einst gut organisierte und aufgerüstete jugoslawische Armee griff Slowenien an, wobei auch das Musik- und Kulturzentrum, das seit Jahrzehnten an der Grenze zu Österreich angesiedelt war, in Mitleidenschaft gezogen wurde.

Zum Glück war die kriegerische Auseinandersetzung nicht von langer Dauer. Sie dauerte aber lange genug, um Hass hochkochen zu lassen, gefolgt von Vandalismus und Plünderungen. Einst verstand man die Armee als Beschützerin des Volks, jetzt wurde sie zum Aggressor. Augenzeugen im Musik- und Kulturzentrum wussten zu berichten, dass brachial vorgegangen wurde. Das Mobiliar sei von den oberen Stockwerken ins Erdgeschoss hinuntergeworfen worden. Der Musiksaal war aber glücklicherweise leer, da Einrichtungen und Archiv gerade noch rechtzeitig evakuiert und die Aktivitäten des Zentrums nach Graz verlegt worden waren.

Niobe verbrachte schlaflose Nächte mit ihren Erinnerungen. Sie wollte mit ihren Gedanken allein sein und nahm sich in Wien ein Hotelzimmer in der Nähe des Krankenhauses.

Sie war erneut konfrontiert mit ihrer Vergangenheit. Als kleines Kind hatte Niobe ihren Eltern versprechen müssen, ihre Identität nie im Leben preiszugeben. Die traumatischen Kindheitserlebnisse wirkten so stark nach, dass es ihr lange Zeit unmöglich war, die Ereignisse aus Distanz zu betrachten, geschweige denn darüber und über ihre Herkunftsfamilie zu sprechen. Da nun aber ihr Sohn häufiger danach fragte, weil er selbst vor Entscheidungen in seinem Leben stand, verspürte Niobe ein wachsendes Bedürfnis, sich mit ihm auszusprechen, sich dabei selbst Klarheit zu verschaffen und vielleicht auch Anna ins Vertrauen zu ziehen.

Das Ärzteteam in Wien versuchte mit allen Mitteln, Anna das Leben erträglich zu machen. Manchmal, in hellen Momenten konnte man mit ihr gut kommunizieren, dann ging es wieder nur mit grosser Mühe. Es kam vor, dass sie ihre Besucherinnen und Besucher nicht erkannte.

In Slowenien hatte sich die politische Lage inzwischen etwas beruhigt und im Musik- und Kulturzentrum «Eva und Anna von Erdeschin» wurden die Instandstellungsarbeiten aufgenommen.

Jan war oft weg und pendelte zwischen dem Kulturzentrum und Wien. Er wollte sich ein Bild machen von den Schäden am verlassenen Haus, das lange dem Vandalismus ausgesetzt gewesen und zum Teil sehr schwer verwüstet worden war. Er war gerade im Zentrum, als das Telefon klingelte. Es war seine Mutter:

«Komm bitte so bald als möglich, ich muss mit dir reden. Ich muss endlich Klarheit schaffen über die Ereignisse meiner Kindheit. Man kann die Menschen über wichtige Dinge nicht ewig im Ungewissen lassen.»

Jan war besorgt. So nahm er einen Nachtschnellzug nach Wien, wo ihn Niobe am Bahnhof abholte. Sie fuhren mit dem Taxi ins Hotel. Niobe war nun ruhiger und verbrachte eine erholsame Nacht.

Nach intensiven Gesprächen fuhren sie am nächsten Morgen zur Privatklinik, wo die alte Dame immer noch zur Pflege weilte. Anna machte gerade ihren Spaziergang in Begleitung ihrer Ärztin und man konnte feststellen, dass es ihr etwas besser ging. Die Anwesenheit von Niobe und Jan blieb zuerst unbemerkt, sie wurden dann freudig begrüsst und Anna umarmte sie. Die Ärztin und eine Krankenschwester suchten das Gespräch mit Niobe und Jan. Es hatte sich bestätigt, was die Ärzte schon seit einiger Zeit vermutet hatten: Man hatte bei Anna Symptome einer starken Psychose festgestellt.

Angesichts des körperlichen Zustands und des psychischen Abbaus fiel es dem Besuch doppelt schwer, nun auch noch Fragen einer womöglich aufwühlenden Vergangenheit anzusprechen. Aus Sicht der Ärztin war indessen nichts gegen ein solches Gespräch einzuwenden, das ja aus persönlichen wie auch familiären Gründen ohnehin stattfinden musste. Der Gesundheitszustand der alten Dame duldete kaum einen weiteren Aufschub.

«Es wird uns erleichtern, wenn wir das, was wir über unsere Herkunft herausgefunden haben, auch Anna darlegen – endlich!», ermunterte Niobe ihren Sohn. Und sie begannen damit, von Niobes Eltern, den Fahrenden, von ihrer Kindheit und den schrecklichen Erlebnissen in der Kriegszeit zu erzählen, von der Adoptivfamilie, von Jans Geburt und so weiter.

«Raus, raus aus meinem Zimmer! Die ganze Zeit habt ihr alles vor mir geheim gehalten und mich belogen. Wieso? Hattet ihr es auf mein Vermögen abgesehen? Ihr seid in alle Ewigkeit verdammt, in alle Ewigkeit!» Anna schäumte vor Wut und schrie immer lauter.

Niobe und Jan erschraken zutiefst, sie baten die gnädige Frau um Verzeihung dafür, dass sie beide lange Zeit geschwiegen und nicht den Mut gehabt hatten, über ihr bisheriges Leben und über die Gründe ihres Schweigens zu sprechen.

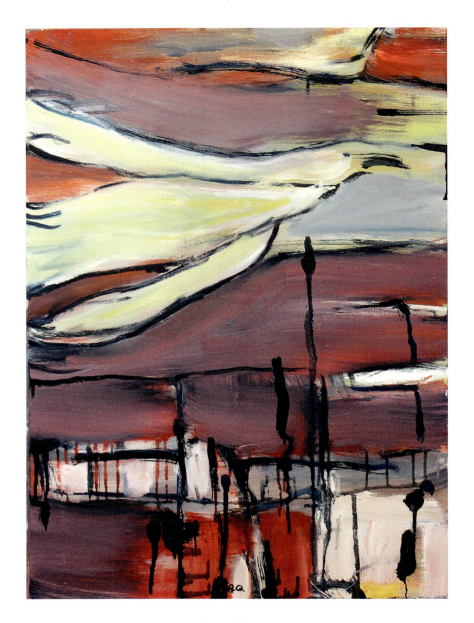

Möwe, Öl, 2015
50 × 70 cm

Andererseits war es nichts Unrechtes, das sie verschwiegen hatten, und Anna war daraus kein Nachteil entstanden. Ihren Ausbruch konnte man nur schwer verstehen. Vielleicht hatte eine schmerzhafte Erinnerung sie eingeholt.

Es gelang der Ärztin und der Krankenschwester allmählich, die Patientin zu beruhigen. Kurze Zeit später redete sie wieder wie immer und lächelte, als ob sie nie einen Wutanfall gehabt hätte. Was bei der Krankheit, an der Anna litt, nichts Ungewöhnliches war. Und unvermittelt zeigte sie grosses Interesse und sogar Freude an den Lebensgeschichten, die sie soeben vernommen hatte. Es schien, als ob sie die Verbindungen zu ihrem eigenen Leben nun tatsächlich erfassen konnte.

Das Mittagessen wurde auch für Niobe und Jan serviert. Danach zogen sich die beiden Frauen zur Nachmittagsruhe zurück. Jan hingegen ging gedankenversunken in sein Hotelzimmer zurück. Er überlegte, ob er alles Wesentliche gesagt hatte.

Anna nahm nun alles mit einer plötzlichen Leichtigkeit hin, fast wie wenn ihr alles bereits bekannt gewesen wäre. Auch Jan wurde ruhiger. Alle drei hatten nachgeforscht und vielleicht etwas Klarheit über ihr eigenes Leben gewonnen.

Am späteren Nachmittag kamen alle drei wieder zusammen und hofften, gemeinsam den Abend verbringen zu können. Die Patientin wurde aber sehr müde und wirkte erschöpft. In der Klinik überwachte man ihren Zustand rund um die Uhr und man bemerkte auch ihre erneute Unruhe. Sie schien etwas sagen zu wollen, aber ihre Stimme versagte. Sie sprach so leise, dass keiner der Anwesenden etwas verstehen konnte.

Man rief den leitenden Arzt der Klinik, der sich besorgt zeigte. Der stark erhöhte Puls der Patientin gefiel ihm nicht. Anna richtete einen dankbaren Blick an alle Anwesenden, begleitet von ihrem Lächeln – wie immer, wenn sie glücklich war. Dann wurden ihre Augen langsam wie mit einem leichten Schleier überzogen, sie wirkte abwesend.

In der Nacht verstarb die Letzte von Erdeschin, die Humanistin, Wohltäterin und Geigerin am 11. Mai 1993 im Kreise ihrer Lieben. Sie hatte das hohe Alter von sechsundneunzig Jahren erreicht.

Die Nachricht vom Tod Anna von Erdeschins verbreitete sich. Gross war die Anteilnahme bei ihrer Beisetzung. Es musste geklärt werden, ob Anna in der

Familiengruft ihrer Vorfahren auf Erdeschin ihre letzte Ruhestätte finden konnte, das Schloss war ja nicht mehr im Besitz der Familie. Es wurde schliesslich möglich. Freunde, die noch am Leben waren, Schülerinnen und Schüler sowie Bewunderer von Annas Geigenspiel kamen zur Beerdigung. Voller Dankbarkeit begleiteten sie die Verstorbene auf ihrem letzten Weg.

Kurz nach der Beisetzung, noch keine vierzehn Tage waren vergangen, wurde der Stiftungsrat einberufen. Traktandiert waren die Zukunft des Zentrums und der Nachlass der Verstorbenen.

Auf der Agenda standen Fragen zur rechtlichen Situation und zur Zukunft der Stiftung. Jan war darauf vorbereitet.

«Herr Lazar, Sie sind Erbe des persönlichen Nachlasses der Stifterin. Werden Sie der Stiftung treu bleiben? Werden Sie eine neue eheliche Verbindung suchen – und was würde das für die Stiftung bedeuten?»

«So wie ich heute fühle und denke, antworte ich auf die Frage nach einer künftigen Verheiratung mit einem klaren ‹Nein›. Ich bin in der Nähe von Anna aufgewachsen und reif geworden und uns verband nicht nur die Liebe zur Kunst und zur Kultur. Sondern uns verbanden auch unsichtbare Fäden, die unsere Schicksale über Jahrzehnte begleitet haben.»

Jan hatte sich entschieden, die Zusammenhänge kurz darzulegen und die Anwesenden zu beruhigen. Die Zukunft der Stiftung war gesichert.

«Die unsichtbaren Fäden», erklärte Jan weiter, «führten unsere Leben schliesslich zusammen, woraus eine gemeinsame Geschichte hervorgegangen ist, jene der bekannten Geigerin adliger Herkunft und ihres mehr als fünfzig Jahre später geborenen Verehrers aus sehr einfachen Verhältnissen. Über die Hintergründe bin ich erst seit Kurzem genau informiert und ich fühle mich verpflichtet, Sie daran teilhaben zu lassen, weil die Ziele unserer Stiftung damit nicht wenig zu tun haben.»

Es trat eine Pause ein.

«Sehr geehrte Damen und Herren, liebe Freundinnen und Freunde des Musik- und Kulturzentrums ‹Eva und Anna von Erdeschin›! Ich habe meine familiäre Herkunft seit einiger Zeit zurückverfolgt und habe im Gespräch mit meiner Mutter erst jetzt erfahren, dass sie einer Romafamilie angehörte, die nach Dachau deportiert wurde. Meine Mutter Niobe war als kleines Mädchen dem Schicksal ihrer Eltern mit Namen Gabor und Marga List entronnen. Mein Vater war der

Sohn eines serbisch-orthodoxen Geistlichen. Dieser wurde am gleichen Tag wie die Eltern meiner Mutter ins Lager abtransportiert, er ist nie zurückgekehrt. Ich bin also der Enkel des Roma Gabor List, der, wie sich herausgestellt hat, in den 1930er-Jahren eine Adlige geliebt hatte – es war Anna von Erdeschin. Sie hat sich in ihrem Lebenswerk zum Ziel gesetzt, in diesem zerrissenen Jahrhundert mit Kunst und Kultur zur Verständigung beizutragen und Benachteiligte zu fördern.»

Im Sitzungssaal herrschte Stille, die Zuhörenden waren überrascht. Nun stand Niobe auf und sprach mit fester Stimme:

«Ich habe lange Jahre über meine Identität geschwiegen und auch selbst wenig gewusst darüber. Als Kind durfte ich nicht darüber reden, denn es war in den Zeiten der Verfolgung sehr gefährlich für mich und meine Familie. Selbst die fürchterlichen Erlebnisse bei der Trennung von meiner Familie behielt ich für mich, ich verbannte sie so gut es eben ging aus meinen Gedanken. So sprach ich auch später mit meinem Sohn kaum darüber, bis vor Kurzem, als Annas Gesundheitszustand sich verschlechterte und mir klar wurde, dass dies die letzte Gelegenheit für ein offenes Gespräch sein würde.»

Niobe wurde nach diesen Sätzen bleich im Gesicht, sie musste sich setzen, die Anstrengung war für sie zu gross. Mit ihren kurzen Schilderungen hatten beide die Anwesenden tief berührt und ihr Mitgefühl geweckt.

Freundinnen und Freunde des Musik- und Kulturzentrums, aber auch eine breitere Öffentlichkeit im Ausland nahmen grossen Anteil am Tod von Anna. Man schaute mit Sympathie auf das Leben einer Adligen, die in ihren jungen Jahren die Kreise des Erlaubten durchbrach und einen jungen Roma liebte, sich von ihm aber trennen musste, weil die damalige Gesellschaft eine solche Verbindung nicht zuliess. Und viele Jahre danach als hochbetagte Frau dessen Enkel heiratete. Womit sich der Kreis des Lebens, man könnte auch sagen des Schicksals geschlossen hat.

Jan Lazar war nun allein, er wusste zunächst nicht, wie es für ihn weitergehen sollte. Er spürte, dass er sich an eine grosse Veränderung heranwagen musste, wollte er in seinem Leben wieder Tritt fassen. So entschloss er sich, seine Laufbahn als Musiker wieder aufzunehmen, um später in einem Orchester spielen zu können. Dies teilte er dem Stiftungsrat der Stiftung «Eva und Anna von Erdeschin» brieflich mit.

Licht am Horizont, Öl, 1994
34,5 × 50 cm

Meine sehr geehrten Damen und Herren des Stiftungsrats

Es fällt mir nicht leicht, Ihnen meinen Entschluss mitzuteilen: Ich trete von meinem Amt als Stiftungsratspräsident zurück. Weiterhin möchte ich jedoch einfaches Mitglied des Rats bleiben. Der Zeitpunkt für diesen Schritt scheint mir richtig. Unsere Institutionen haben sich sehr gut erholt, es sind sogar zwei neue Musikzentren entstanden.

Ich möchte neue Kraft gewinnen, mich vermehrt meiner kranken Mutter widmen und wieder als Musiker arbeiten.

Fast jeden Tag besuchte Jan seine Mutter. Sie hatte kurz nach der Stiftungsratssitzung eine Gehirnblutung erlitten. Die psychischen Strapazen waren wohl zu gross gewesen. Sie lag mit Lähmungen und Depressionen noch immer im Krankenhaus. Verständlicherweise war Niobe oft sehr traurig und schlecht gelaunt. Es war ihr unangenehm, dass Jan ihre Situation mitansehen und miterleben musste. Immerhin konnte Jan seine Mutter ab und zu auf Ausflüge in die Umgebung mitnehmen, sodass sie auf andere Gedanken kommen konnte. Es war ein schöner Sommer. Die Ausflüge taten beiden sehr gut. Und ihre Gespräche waren oft Ausflüge in die Vergangenheit.

Jan erinnerte sich später an diese Zeit:

«Meine Mutter und ich lernten uns durch die Gespräche erst kennen und entdeckten immer wieder Themen, die uns beide beschäftigten, was uns vorher nie richtig bewusst gewesen war.»

Niobes Krankheit aber nahm keine Rücksicht auf die beiden Menschen, die sich erst spät gefunden hatten. Niobes Tod wurde zum schweren Schlag in Jans Leben. Sie verstarb unerwartet an Herzversagen und wurde auf einem Wiener Friedhof im engsten Kreis beigesetzt. Und so blieb Jan mit seiner Trauer «allein in dieser Welt», wie er später sagte.

Er zog sich dann doch ganz aus der Stiftung und dem Betrieb des Kulturzentrums zurück und verdiente seinen Lebensunterhalt wieder musizierend mit Engagements in wechselnden Ensembles.

Und einmal mehr war es ein Stück persönlichen Ehrgeizes, das ihn ermutigt hatte, Neues zu wagen und sich nun auch schreibend mit dieser Welt auseinanderzusetzen. Seine Erzählungen handelten von Themen, auf die er durch seine persönlichen Nachforschungen aufmerksam geworden war. Etwa von politischen Kräften, welche die Ungerechtigkeiten in der Welt verschärften, ohne dass dies grosse Beachtung gefunden hätte. «Wie weit ist es von hier bis Dachau?» lautete der Titel eines seiner Romane.

Die neueste Erzählung handelte von der Erde. «Ich vergleiche unseren Planeten mit einer älteren Dame, mit der wir sehr behutsam umgehen müssen, wenn wir uns ihre Weisheit und Inspirationskraft bewahren möchten», sagte Jan bei der Vorstellung des Buches in der Aula einer Wiener Schule.

Verzeichnis der reproduzierten Werke

Am Fluss	Aquarell	1988	19 x 13 cm	Privatsammlung, Basel
Auf den ersten Blick	Öl	2013	80 x 80 cm	
Auftritt	Öl	2017	120 x 80 cm	
Begegnung	Öl	2015	100 x 100 cm	Privatsammlung, Basel
Das Schweben	Öl	2017	50 x 70 cm	Privatsammlung, Deutschland
Die Brücke	Öl	1997	50 x 70 cm	Privatsammlung, Basel
Die Kinder	Öl	2015	30 x 30 cm	
Dorf	Öl	2016	70 x 50 cm	
Freundschaft	Öl	2018	70 x 70 cm	
Frühlingszauber	Öl	2014	30 x 30 cm	
Hoffnung II	Öl	2017	50 x 70 cm	
Kirschbaum in Blüte	Aquarell	2000	12,5 x 17,5 cm	
Kleines Haus	Öl	2015	50 x 70 cm	
Komposition 1974	Öl	2016	50 x 70 cm	
La frontiera chiusa	Öl	2016	50 x 70 cm	
Licht am Horizont	Öl	1994	34,5 x 50 cm	Privatsammlung, Basel
Lichter in der Nacht	Öl	1995	50 x 70 cm	Privatsammlung
Lustige Nacht	Öl	2016	70 x 50 cm	
Menschen im Regen	Öl	2015	70 x 50 cm	
Mit Liebe geladen	Öl	2012	40 x 50 cm	
Möwe	Öl	2015	50 x 70 cm	
Per Dekret	Öl	2017	50 x 70 cm	
Romantik	Öl	2016	50 x 70 cm	
Sommer	Öl	2016	100 x 100 cm	
Teilen	Öl	2017	70 x 70 cm	
Violine	Aquarell	1983	ca. 20 x 20 cm	Privatsammlung, Deutschland
Winter	Aquarell	1995	28 x 18 cm